韩国人在想什么 II

〔韩〕李圭泰 著
安金连 译

南京大学出版社

图书在版编目(CIP)数据

韩国人在想什么 /（韩）李圭泰著；赵莉等译. ——南京：南京大学出版社，2015.1
ISBN 978-7-305-10304-9

Ⅰ.①韩… Ⅱ.①李… ②赵… Ⅲ.①民族心理—研究—韩国 Ⅳ.①C955.312

中国版本图书馆 CIP 数据核字(2014)第 035792 号

出版发行	南京大学出版社		
社　　址	南京市汉口路 22 号	邮　编	210093
出版人	金鑫荣		

书　　名　韩国人在想什么
作　　者　李圭泰
译　　者　安金连
责任编辑　戚宛珺　沈卫娟　　编辑热线　025-83753947
照　　排　南京南琳图文制作有限公司
印　　刷　南京爱德印刷有限公司
开　　本　850×1168　1/32　印张 7.375　字数 147 千
版　　次　2015 年 1 月第 1 版　2015 年 1 月第 1 次印刷
ISBN 978-7-305-10304-9
定　　价　88.00 元

网址：http://www.njupco.com
官方微博：http://weibo.com/njupco
官方微信号：njupress
销售咨询热线：(025) 83594756

＊版权所有，侵权必究
＊凡购买南大版图书，如有印装质量问题，请与所购图书销售部门联系调换

目录

韩国人不易患忧郁症的原因 1

002　韩国人不易患忧郁症的原因
006　贫穷而又可怜的韩国人的幸福观
009　感激之言反而会使感谢之意打折
013　个性鲜明的国家——韩国
015　韩国人的"名品控"
018　基督和山神一样
022　"于彼此"的产生
026　深红的人情圈,粉红的义理圈
029　逻辑思维的缺失
033　性欲的自我虐待
036　被扇耳光还在微笑的韩国人
039　儿子,儿子,儿子
044　追求完人
046　挣了钱,变了人
049　妓院里的"筷子钱"
052　维持韩国人本性的好方法
055　韩国人的无眠夜

2 韩国人的10年长于中国人的100年

060　目光短,胆量大
064　韩国人是儿孙狂
066　血染裙衣作青冢

- 070 将"对不起"作为口头禅的民族
- 073 称呼中蕴含的自贬
- 076 幻想式性解放
- 079 风水与男尊思想
- 082 名耶？实耶？
- 084 求全之法
- 087 长富的秘诀
- 090 韩国人的秘密宝库
- 093 德国妓女与韩国教授
- 095 韩国人为何喜欢"白得"的
- 099 韩国人的10年长于中国人的100年
- 102 贤者须愈愚
- 105 爷爷的自虐式教育法
- 108 劳体肤方能成孝道

3 拒绝平等的社会

- 112 藏在名字中的男尊思想
- 115 韩国的局外人和名分
- 118 全都不过如此，无非如此
- 121 文人不能大腹便便、个子矮小
- 124 没有公平竞争的社会
- 127 生子梦的实例
- 130 韩国人极度现世主义的来世观
- 135 你的是你的，我的是我的

137　撒娇的韩国人
140　情先于理
143　拒绝平等的社会
146　朝鲜时期女人的性文化
149　归来亦不喜
151　韩国人特色的祈子思想
157　学历社会的根源
159　对特殊性的反感

4 飞向韩国价值体系里的飞蛾

164　相比视觉偏好触觉
168　归巢心理浓厚的民族
171　虚有其表的Cadilook人生
174　"哎呀,妈呀!"和"哦,上帝!"的差别
176　令人羞耻的人情附加税
179　恋母情结
182　韩国人的被害妄想症
185　灰色缓冲地带
188　妓女怎能是同样的?
190　掩藏自卑的心理
193　"七八岁狗都嫌"
196　人性经营管理
199　飞向韩国价值体系里的飞蛾
203　缺乏远见

205 "精打细算"的音乐
208 贬低自己才安心
212 是外来文化的主人
215 自虐的离别习俗
218 阿拉伯人的荣誉观
221 男尊思想的巅峰——祈子咒术

1

韩国人不易患忧郁症的原因

韩国人不易患忧郁症的原因

美国人想生孩子的时候,首先会计算自己是否能够支付养育和教育孩子的两万美金。如果达不到这个预算,他们甘愿选择放弃孩子。

然而,韩国人却异于美国人。正所谓韩国的一句老话——老天饿不死人。独有的乐天精神与不精于算计的品性使得韩国人缺乏未来观。所以才有了兴夫的故事,穷得用草帘子来遮挡身体,还生了二十五个孩子。

在欧洲,许多学校仍然保留着七岁住宿的学校制度。为了培养孩子的独立性以及对公共生活的适应性,必须毫不留情地斩断对心肝儿宝贝的宠爱本能。

但对于韩国人而言,眼前的情爱大过一切,因此他们会满足孩子的所有要求,如果这些要求得不到实现,他们便会叹息自己的身世。他们明明知道这样的过度保护会把孩子变成寄生虫,从而被社会淘汰,但还是执拗地坚持现今的宠爱。因为淘汰是将发生在遥远未来的事情,与现在全然无关。

以前看到过这样的报道，一个十一岁的美国少年带着九岁、七岁和五岁的弟弟们从芝加哥来到首尔寻找父母。这跟一直把孩子伺候到高考考场外的韩国父母形成了鲜明的对比。由于没能够及时为孩子提供学费，母亲竟被孩子杀害，这样的韩国父母不能不说是自作自受。对没有未来意识的韩国父母来说，他们的过度保护终究会招来杀身之祸。

就算昌庆园的动物都得了尘肺病，韩国人仍旧认为环境污染造成的公害是未来的事情，所以对公害最迟钝的民族就是韩国人。

曾经读过一个旅韩美国学者发表在杂志上的一篇文章，文章中将极端危险的冒险称为"Korean feat"。当然，这是他自造的一个词。在韩国，高楼大厦的玻璃清洁以及刷油漆等高空作业人员都只是用两个麻绳吊着。这种秋千式的不安全装置在他眼里似乎是非常罕见而不可思议的事情。同美国的高空安全设备相比较，这是极其危险的。

过马路时，暂且不提遵守交通法规和公共道德，外国人首先想到的是自己的安全，因此不会横穿马路。在看到横穿马路的韩国人时，他们首先惊异的不是这些人为什么不遵守交通规则，而是他们怎会如此拿自己的生命开玩笑。

韩国人对于像高空作业、横穿马路之类在极近的未来就可能会发生的危险都视而不见，他们认为危险是未来领域里的事情。假如，原本认为会发生在未来的概率极小的危险成为了现在的事故，他们就会大喊着"老天爷保佑！"或者"梦兆怎会这么不吉利……"等等，把一切都推给命运。

梨花女子大学校有个莫里斯馆，馆里有家庭学院。该馆得名于1921年来韩的一名女性传教士莫里斯。为了韩国的家庭教育，她将自己工资里的极小部分资金储存在纽约的卫理公会传教部，由此创建了梨花专科家庭系，并在1959年回国后仍然继续着这种小额储蓄。

像这样，莫里斯用五十一年来积攒的资金捐助建立了家庭学馆。在建校九十周年时，这位八旬老妪受邀参加了开馆仪式。这位碧眼女性可谓是高瞻远瞩，令世人敬佩。作为鼠目寸光的韩国人，只有肃然起敬的份儿了。

在韩国人的信仰里面也可以一览无余地体会到这种未来缺乏症。对韩国思想有决定性影响的孔子，回答子路关于死亡的问题时也曰"未知生，焉知死"，将死亡排除于现世之外。老庄对死后的未来世界也都没有做进一步的思考。

儒教是种"道"，只关注现世意义。就连信仰来世的佛教在韩国扎根后，也演变成许愿式的现世祈祷，包括对现世的不幸与病祸的破解以及祈求子嗣、富贵、长寿等。

信仰来世的、超脱式的、神秘主义式的基督教在韩国也逐渐本地化，如今的韩国基督教带有浓厚的倾向于慈善、启蒙、教育、医疗等博爱性质，只追求现世的赎罪和精神上的安定，而福音的超脱性、神与人类之间的界线、来世主义等基督教原本的教义已经大大地弱化了。

有种手术治疗忧郁症很有效，叫做额叶切除术。手术在头盖骨旁边开洞，从此处伸进一把纤细的刀，将额叶皮层与大脑其他部分相连接的神经切断。思考未来的神经在大脑器官的前头部，将此处连接切断就能够消除抑郁症。

额叶切除术在西方非常流行，在韩国却很少见，这可能也是未来缺乏症的一个表现。

干脆不如说是韩国人的脑结构中，连接前头部的神经元还未分化吧。

贫穷而又可怜的韩国人的幸福观

梅特林克的《青鸟》简单明确地反映出了欧洲人的幸福观,蒂蒂尔和梅蒂尔兄妹为了寻找幸福的象征——青鸟而游走于记忆之城、幸福之城和未来之城,然而最终也没有找到,但是回到家却发现青鸟就在家里。

韩国南岛山区有种说法——看到青鸟的话,媳妇的米瓢就会羞涩。对韩国人来说,青鸟意味着干旱、饥荒等不幸。看到青鸟,媳妇的米瓢就会羞涩,是因为预感到饥荒的媳妇会在米瓢里少盛点米。

韩国的青鸟生活在绿豆田或者荞麦田里,而绿豆和荞麦是韩国饥荒时救荒吃的粮食。每当饥荒、战乱、疾病等灾祸蔓延时,全国都会散播起以绿豆和荞麦作为行当的黄布商人们的青鸟悲歌。

西方的青鸟揭示了西方人的幸福观,韩国的青鸟也揭示了韩国人的幸福观。古希腊人在谈论和思考人生时认为,渴望幸福和追求幸福是人类共同的本质,这种看法一直延续,影响了中世纪基督教思想家和现代欧洲人的思考方式。他们口中的"我好幸福"与韩国人感叹自己命途多舛的频率是一样高的。

劳伦斯的《儿子与恋人》中,一个煤矿妇人用辛辛苦苦劳动半年所积攒的钱给女儿买了件新衣服,回到家后,她在昏暗的灯光下展开这件衣服,自言自语地说:"我好幸福啊!"萨特以在地狱里永远推举巨石为宿命的西西弗斯为素材写成的小说中,从不吝啬让西西弗斯叨念着"我很幸福"。当推上去的巨石滚落时,西西弗斯还是在念叨着"我很幸福"。然而,对于韩国人来说,幸福状态的意识和感受莫名其妙地被稀释,总是感觉幸福那么遥远,久而久之,也就形成了对幸福的敬而远之。韩国人的这种意识结构可以分为幸福是危险的、幸福是虚无的、不幸是悲壮的。

3和2单个来看,其自身是无谓大小的数字。3比2大、2比3小是由两个数相比较而得来的,如果是单单一个数,无论你如何追根究底都不会自大自小。

上进、积极且外向的西方人向更广阔的外部世界进发去寻找更伟大的东西。即,与2相比3更大,与3相比4更大,他们在开垦更宽广的视野中体验到了这些。从山间到田野,从田野到海滩,从海滩到大海,比大海更大的是天空和遥远的宇宙。

但是,懦弱、消极、内向,只在内心里波涛汹涌的韩国人总是在越来越小的视野中经历着2比3小,1比2小的心理路程,不断忍耐着更小规模的物质和欲望并习以为常。放弃了宽广的田野,甚至在山林中也不能安居,最后钻进像青鹤洞般险峻的山洞中,吃穿等生活必需的物质急剧减少。这种极其贫微的物质生存条件,造就了韩国人贫穷而又可怜的幸福观。"野菜泉水穿肠过,头枕大地望苍空,富贵荣华不过如此",这就是关于韩国人幸福观的非常生动的描写。

认为从2上升到3的幸福是很危险和痛苦的,这就是韩国人幸福观的出发点。对于韩国人而言,2应该就是单独的2,或者是相对于1的2,这样其价值才有待商榷。

感激之言反而会使感谢之意打折

"韩国人对感谢之言很吝啬。这并不是由于不懂得感谢，而是担心反复性的感谢会使感激的心意褪色。非常感激对方的时候，想对父母和亲密朋友表达感激之情的时候，通常是心情澎湃地说不出感激之言来。对方同样如此，如果听到感激之言，反而会觉得很疏远。"

这封不久前收到的信，很好地展示了韩国人的意识结构。感激之言反而会使感谢之意打折，这是存在于高度纯洁的人际关系中的微妙心理。

所有人都有自己的三层空间领域。第一层是以自己的皮肤为界限的肉体占有空间。第二层是皮肤以外 1～2 米范围内肉眼看不到的空间，这个空间随人的移动而移动。第三层是家或办公场所等日常工作和休息的空间,是反映着另一个自己的空间。

越是与自己紧密的空间,当遭到别人侵犯的时候就越会有不安全感和防御心。基于此,厨房是媳妇们忙活的第三空间,如果婆婆进入厨房,媳妇儿就会反感和不安。如果别人坐到了自己平时常坐的座位上,那肯定也会感到很不开心,这也是由自己的空间领域被侵占而引发的反感。

莫泊桑的诺曼底小说中也刻画了此类故事。因自己平日里一直坐着钓鱼的地方被别人抢走而导致了一场杀人惨剧。

社会就是由这三层空间组成的,并有一个同心圆。如果说韩国社会大多是相互交叉、相互碰撞、相互小心翼翼接触的同心圆,那么西方社会就是许多同心圆相互糅合、相互接触、相互连结、相互融合的。

就这三层空间,西方人的做法是彻底地维护自己的空间领域,而韩国人则是不断地谦让着自己的领域。因此,西方人的同心圆相互碰撞时会发出刺耳的声音,韩国人之间则是像棉花的碰撞般温和安静。

一位曾在美国大学执教的韩国教授说,他曾对教过的一个美国学生的身世表示过担忧,结果这个学生的反应让教授完全不知所措。

"教授,您为什么这么担心别人的私生活?"

这个学生用一种对侵犯者很警戒的表情,或者说"认为对方的善意肯定是有图报的"等等诸多怀疑的表情问教授。

韩国教授对学生的担忧是侵犯了学生同心圆深处的第二空间和第三空间的行为,而对韩国人来说,这明明就是再平常不过的意识行为。然而美国人却不然,他们坚决抵制对方渗透自己的同心圆,他们认为这种渗透是一种商业行为或者是侵害行为。

与此相反，只有当彼此的同心圆更深入地连续、协调、融合时，韩国人才会更加有安定感。如果两个人的同心圆重合到第二空间了，那么这就可以称作是"人情"了。所以我们经常说韩国人的人情味儿要重于美国人的。

韩语里有个词叫做"亲密无间"（허물이 없다）。这里的"间"是指人际关系中空间领域的界限。亲密无间即是指没有界限的壁垒，因为没有壁垒，彼此的人情也就没有障碍了。

母子间的亲密无间或者与某人的亲密无间即是超越了法则、理性、理解、算计等等，彼此间是人情相通的关系。男女之间的恋爱就是清除相互之间的同心圆壁垒，是消除"间"的行为。韩国人的意识里是极其忌讳"间"这种东西的，他们不断努力着尽一切可能消除这个"间"。这也反映了韩国人自始至终都向往犹如母子关系般的一体式的亲密关系。

人情并不是相互独立的人际关系，而是一种相互依存的关系，其基石中满含着娇宠。撒娇、发嗲等韩国人的特性就形成于这种依存式的人际关系，哄逗、照顾、怜爱即是依存主体对于被依存体的融合的施舍。此外，使性子、愠怒、撅嘴生气、埋怨都是韩国人特性里当融合难以形成时产生的情绪。

在充满娇宠的人情世界中，做得好或不好、成功或失败、多或少、漂亮或丑陋，这些相对的价值都一律被模糊化了。也许正因为是模糊化了，所以一切看起来都那么的安定。即使做得好，也不期待回报和赞扬；即使失败了，也不辩解或寻求补偿——韩国人已经达到了这种境界。多给调皮鬼弟弟一块糕，姐姐绝不喊冤；为孩子付出了一切，妈妈毫无怨言。

感激之言会使感谢之意减退，这个悖理其实就是始之上述。在这同心圆深深交错的人际关系中，助人的行为是理所当然的。子女对父母的帮助或爱人之间的帮助，这些都是理所当然的，而且是大家共享的。因此不存在"给与取"，更不需要心灵的回报。如果对于别人的帮助用感激之言来回报，那依存关系就会瓦解，反而形成了独立的、合理的人际关系，这岂不是件很遗憾很尴尬的事情。

相较于韩语中的敬语，非敬语会让人更觉亲切，其实也正是这个原因。在依存式的亲密关系圈中使用敬语会让人觉得生分，这是因为敬语只是用在亲密关系圈以外独立式的人际关系中。

个性鲜明的国家——韩国

美国人的人际关系是公开透明的,而韩国人的人际关系则有表里两层。美国企业的经理只要具备了出众的管理能力即可,但韩国企业的经理不仅要有管理能力,还要严格遵守上下级、前后辈、父子、师生等一系列潜在的维系关系。正是有了这种潜在的维系关系,所以韩国人能够创造出最优质、最大量的劳动来,这是美国人难以达到的。

韩国人用来进行界限区分的并不是西方人的"线",而是"空间领域"。基于此,韩国传统房屋的屋檐不仅是户与户的分界,同时也是通道;不仅是屋外,同时也是屋内。但在西方却看不到这样的房屋特点。他们的房屋与房屋要么完全隔断,要么就像美国房屋一样用一块象征着墙的标示牌来区分屋内屋外。所以,要么就是完全无法踏足,要么就是可以自由自在地穿越。虽说他们彻底歧视有色人种,但身份与阶级的自由变动却是自由的,这也源于他们的境界意识。

韩国人奉行"无界之界",即便隔壁屋内无人,也要遵守礼节,这种协调、融合、有缓冲作用的灰色空间界限意识,是韩国式人际关系与韩国式思考方式的基础。这完全不可以与西方的界限意识等同视之,也万万不可用阶级斗争理论来分析它,更不能套用划一式的美国经营理念。

美国走向成功的最大底牌并不是他们的人际关系或意识结构,应该是偶然占领的那片土地上没有抵抗他们的原住文化,加上广袤的土地给他们带来的大量天然资源。

从人际关系实践的层面上来说,韩国可以算是先进国家了。这也是"重视韩国人"的必要理由之所在。

不远的将来,社会科学、精神科学、人文科学等所有领域都要从学校教育、公司经营、市场销售、军队指挥、政治行政、法庭、警察侦破、情报工作、市政革新、家族计划、传教等方面来发掘并发展性地运用涵盖着韩国人智慧和缺陷的"意识结构"。这样会迸发出前所未知的新能量,韩国从而会发展成为个性鲜明的国家。

韩国人的"名品控"

LV包作为世界一流品牌,曾经是贵族的专利,然而我曾经看过一则法国当地的报道,说巴黎的LV总店从凌晨开始就挤满了排队的韩国人。该报道用了极具反差的标题——"巴黎街头难觅LV包",突出反映了韩国人追求名品的心态。同样,几年前曾有一则新闻说,韩国人在香港买的劳力士表大部分都是仿品,体现的也是韩国人的这种心态。

以前看过一篇随笔,里面有一段说一位女士去参加大学同学聚会,聚会上十一个人中有四个戴着迪奥的蜻蜓眼镜,三个人围着皮尔·卡丹的丝巾。戴着劳力士或者欧米茄手表,拿着杜邦或者登喜路打火机,系着迪奥或者温布利领带,这些对韩国人来说并不是什么特别了不起的事情。然而,问题在于为什么会形成这样的趋势。

理由之一就是韩国人对于"名"的狂热。"名"并不是求之即得的,而是得到了"分"之后顺其自然得到的。但是,韩国人对"名"的热衷和与其相对应的"分"却相去甚远,因此陷入只要得"名","分"就会随之而来这种本末倒置的价值观怪圈中。有名气的东西或者一流商品,它们的耐用性或者是设计一般来说是不可能差的。然而,韩国人对名品的渴望并不是因为这些方面,而是因为它们的名气。购买杜邦打火机并不是冲着它易打火和经久耐用的品质,而只是冲着"杜邦"这个名字。

戴迪奥的蜻蜓眼镜不是因为它更好看,更适合自己的脸型,而仅仅是因为它名为"迪奥",才费尽心思想要拥有。如果有一款打火机和杜邦的成分一模一样,有一款眼镜和迪奥的品质一模一样,但是却贴上了国产的标签,就肯定不会引起这种狂热了。这是因为韩国人认为,只要追求"名",就能得到与之相应的"分"。

韩国人不仅追捧商品的牌子,还想要在自己身上贴上权威或一流的标签。就像谁都能用登喜路一样,谁都能上一流学校的时代已经到来。父母因为自己没能进名校,就想要把子女送进去。

但是,无论是家长还是学生,认真考虑这所名校里什么专业、有哪些有名的教授、对子女或自己的提高有什么帮助等问题后再进行选择的人很少。选择它,仅仅因为它是名校。

不管是大学还是商品,其内在都是无所谓的,社会赋予其的重要性和名声才是关键。对"名"的热衷导致了韩国的学校教育与其传道授业的根本目的渐行渐远。

即使说韩国教育的最主要目是高考也不为过。虽然高考对教育做出了多大贡献还是个未知数,但是毫无疑问我们认为高考比教育本身更重要。这不仅使得我们将自己局限于高考这条捷径上,也逐渐腐蚀了教育的本质。考试之所以变得重要,其最大的原因是我们重视"一流"的名头和大学毕业的名声,而非重视在大学中实际上学了什么。

我们就不说中考了,就连高考也完全是从教科书中出题。无论是知识还是感情,或是个性,所有东西都被限制在了教科书这个狭窄的条条框框中。即使是大学也要严格按照教学规划进行教学,绝不允许出现有个性的学生或教师。

韩国人就像是待浇铸到模型中的铁水一般,调整着自己以适应外界的权威或说是"名"这个模型。因此,韩国社会的评价标准就是一个人所形成的模型的"名"和这个"名"的重要性。这与过去以身份来对一个人进行评价有着异曲同工之处。

基督和山神一样

1935年，在首尔举行了一场美国新教传教士与韩国巫师团体干部之间的座谈会。在会议即将结束的时候，巫师团体干部说了一段很有意思的话。

"我懂了。基督教向我们传授了优秀的教义。我们祈祷主和山神能早日降临，亲自教化万民。只有这样才能使现世病患早愈，驱散导致人间灾祸的恶灵。真是万分感谢。"

可以想象，听了这番话之后传教士们都呆愣住了。

韩国对于外来宗教或是思想等都采取包容的态度。当佛教、儒教、天主教、基督教进入韩国时，都没与既有价值观产生冲突就被接受了。三次天主教迫害也只是政治迫害，而并非受到平民百姓的排斥。可以说，在韩国人看来，西方针对异教徒的百年战争、十字军远征之类的宗教战争简直是无法想象的。

1766年作为谢恩使前往清朝的洪大容①访问了位于北京的天

---

① 洪大容(1731～1783)，韩国朝鲜时期有名的实学家。

主教堂，与海莱斯坦主教进行了对话。洪大容问天主教是什么，主教认为这是个非常深奥难懂的问题，要求他进一步详细地问。

"儒学以五常，佛教以空寂，老庄以清净为尊，天主教尊崇的是什么呢？"

"天主教尊崇仁爱，天主位于万物之上。"

"那么，他和《诗经》里的提到的天帝是一样的存在吗？"

这种对寻找天主教和既存价值观的折中点的探索使得主教哑口无言。韩国人对于异质物不会排斥，而是将其与既存物中和、融合，并加以运用。

三神阁和山神是韩国的巫俗信仰，七星阁是道教的首要信仰，对佛教的寺庙韩国人也没有任何的排斥，三者和平共存，这种局面正是源于这种折中与融合的思考方式。

正因为如此，鸡龙山神道中的新兴宗教大部分都是儒、道、佛、基督教、萨满教等不同宗教的混合体，这在韩国也不是什么奇怪的事情。另外，日统时期，首尔的巫师在自己的信仰中添加了日本神道主神天道大神，这不是亲日倾向，而是源于不排斥外来文化、兼容并蓄的思考方式。

赛珍珠女士第一次来韩国的时候发生过一件趣事。赛珍珠去参观庆州占星台的时候，村里有几个妇女来到她面前，在离她眼睛很近的地方竖起了手指，并问她能否看见。赛珍珠回答说能看见,她们就问她为什么眼睛是蓝色的。这位喜爱韩国人民的女士回答说:"这是因为小时候吃了蓝色的果子。"

不仅是庆州的妇女们,韩国人对西方人的认识可以说是天方奇谈。八十年前大家还都无知地一致认为西方人没有头,眼睛长在胸前,以杏核为食,怀孩子也是先生个像杏核般的蛋,然后再孵化养大。认为美利坚国王是个胆小鬼,他因为怕鬼,在自己的王城外涂上白垩漆来驱鬼。

我们来看一下当盖尔牧师被抓到海州牧使面前时说的话。

海州牧使问盖尔牧师:"这个叫美利坚的国家在哪里?"

"朝鲜所在的另一端。"

"天圆地方,生活在另一端的岂不是像苍蝇一般倒贴在天棚上的非人类?"

这么说着,牧师为了试验这个美国人到底是人是鬼,便命令准备饭食招待,因为他相信鬼是吃铁不吃饭的。当看到牧师吃饭时,他叹道"啊,这个人是人啊",然后隆重地招待了他。

当盖尔牧师被囚于大邱监狱三个月时,他想给家乡的父母写信,于是就要求狱卒提供纸和笔墨。牧使惊讶于像他这样的废物也会有父母,于是就让他写字。他一落笔,牧使就说"虽然字不同但是却可以写文章,真是不可思议",并以此为理由将他当场释放了。

韩国民众问传教士最多的问题是"西方人也会读书吗"、"会为父母服丧3年吗",只要回答"确实如此",以前将他们当作怪物的想法就马上发生了改变,因此传教士们都不惊讶于韩国人奇特的国民性。

这是因为韩国式的思考方式会为世界万物提供存在的理由,只要发现一点相同之处，就会将之融合并吸纳。韩国人与顽强地抵制异质物和异端思想的西方人截然不同，这从伽利略的日心说在360年之后才被罗马教廷承认这一事件中可以得到证明。

韩国人在想什么（2）
한국인의 의식구조

韩国人不易患忧郁症的原因

"于此彼"的产生

本篇中我想讲述唯一没有顺应命运而奋起反抗的太宗[①]的故事。

太宗时年年干旱,当时的百姓认为,这是因为宰相河仑倚仗旧制盘剥百姓,引发了天谴,百姓不断上表匿名信,要求对整个政治进行改革的呼声很高。然而一心想要改变命运的太宗却顶住这高涨的民怨,退回了河仑的辞职信。

河仑死后,大旱仍然持续,且常发生奇怪的事,这时太宗说:"河仑既死,灾祸尤重,然前灾并非河仑之过哉。"太宗孤独地与命运做着抗争,并证明了自己的做法是正确的。

然而最终,太宗还是说:"寡人无德,既承大业,恐获上天怪罪,让位于太子。"在与上天超命运的对决中败下阵来。

退位四年后,太宗驾崩。去世前他说:"旱情至今犹重,逝去后孤必搏命运之神,使天降甘霖。"这又体现了他不屈从命运的坚强意志。

[①] 太宗(1367~1422),韩国朝鲜时期第三代王。

这个唯一与命运做抗争的韩国人太宗就像希腊悲剧一般没有得到救赎。

韩国民谣中有一种"八字打令①",它的形成也是由于生辰八字是形成韩国感情的要素之一。

阴阳出现时三纲五常为上
人伦形成后仁义为上
阴阳人伦之前人为上
人产生时四柱八字为上

——醴泉地区

黑山岛少女们的八字打令曲调特别,有一种就像听着《G船上的咏叹调》般的错觉。

海上太阳是如愿降落吗?
公墓里去世的父母是如愿离开的吗?
木浦女校是不愿意才不去的吗?

将无法去女校进修怪罪于八字命运,用八字来淡化不幸。

娘啊娘啊我的娘啊,

---

① 韩国传统民谣的一种,现最广泛流传的有"阿里郎打令"。

以甚为食生我于世？
我的娘亲生我之时，
或以山中笋竹为食？
句句听来都是上苍，
句句听来都是悲伤。

——潭阳地区

句句都萦绕着悲伤的人生依托于长满竹节的笋竹的八字命运。

二战时期，德国、意大利、日本组成的轴心国成立了协动伞兵队，试图对同盟军占领地进行空袭。当司令塔发出跳伞命令时，不同国籍的士兵有着不同的反应。

意兵要求延后跳伞，西班牙义勇兵说若这是佛朗哥的命令，那么作为反对他的我们是不会服从的。只有德兵高喊着"希特勒万岁！"然后纵身跳下。

要是韩国人处于这种情况下会怎么做呢？我们会绝望地自我安慰"这大概就是我的命吧，是不能反抗的"，然后跳下飞机。

韩国人的常用语中有"于此彼（反正）"这个词，这也包含了韩国人普遍的命运观。"于此彼"是"于此于彼"的缩略语，怎么做无能为力的事情是宿命吧，这个词好像总流露出对命中注定的事不必纠结的意思。反正是人生苦短，反正我们无缘相见，反正只能活一次，反正仅是萍水相逢……这些都是因为宿命的束缚而产生的放弃或顺从的念头。

西方辩证法用"正——反——合"来界定此彼，进行发展创新。与之相反，"于此彼"的辩证法是"正——反——无"，以此界定此彼来淡化此彼。此外,"于此彼"除了用以自叹和放弃终了,有时还会爆发性地与自残相联系,生成了"反正身体都这样了,服毒自尽吧"、"反正要死的,我们一起死吧"的能量。和逃避宿命来弱化不幸与挫折相反,用这样的绝望、恨与自残来回报宿命。

西方语言里的"do"在韩语里表述为"된다",这也是委托给命运的表现。"될 대로 되라"(该成什么样就什么样),这形成于韩国人的宿命观。"do"是能动性的,而"된다"是被动性的。于是"주 1 회 모이기로 했다"(每周要集会一次)变成了"주 1 회 모이게 되었다"(每周得集会一次),"결혼하게 되었다"(成了婚了)比"결혼했다"(结婚)要更常用。正像"밤이 되었다"(到了晚上了),"겨울이 되었다"(到了冬天了)式依存于自然和命运的表达一样。

像法律、制度、收入等一般人们创造出的东西,都被认为是自然既成的事物。程朱理学的意识形态在政治、法律、经济、社会体制的把握上虽都有自然法则方面的原因,但对类似的人为事物却持有看做是上天或是神灵所给予的形而上学观点。

这和人类历史都凭命运的力量操纵的想法有着密切的关系。

深红的人情圈,粉红的义理圈

1976年12月日本大选中,曾因在洛克希德案中受贿而被监禁的前首相田中得票最高,票数是对手的三倍。

田中被烙上了金权政治典范的污名,并且渡过了一段时期的铁窗生活,这种人物成为人心所向,日本人的意识构造究竟是怎样的呢?不仅是田中获得了压倒性的胜利,洛克希德事件牵涉到的其他人也和从前一样顺利当选。然而逮捕田中的司法部长却勉强当选,曾经弹劾田中的人们落选率也相当高。

如果是在美国,背负这种不义与污名的人是绝对不会参选的,即使参选了也不可能有当权者支持他。

倘若在韩国,那和美国的情况就会有所不同,在我们国家这样的人可以参选,但是不会当选。如果那个人有某种特别的地缘、血缘或背景,也有那么一点可能会当选,不过是绝不可能获得最高支持率的。"4·19"①事

---

① 1960年4月,韩国市民为了仅对李承晚自由党政权的3.15不正选举,大规模地进行了示威活动。由此,李承晚也被拉下了政权。

件后自由党领袖李在鹤①在狱中当选是一个特例。

倾若这个推测是正确的，那么韩国人与日本人的意识构造存在怎样的差异，以至于导致这样的事情发生，这就是个值得思考的问题了。同在以中国文化为核心的东方文化圈，韩国、日本文化属于边境文化，因此两者的意识构造有诸多相似之处。

以自己为中心，人们周围有着三个同心圆。最近的同心圆是人情圈，之外环绕着义理圈，最外层的是公共圈。从自身开始亲密感随距离的远近有所不同的是东方人，西方人虽不是全部一视同仁，但是这种亲密感的差别没有那么严重。

西方人公共圈的法则更为成熟，这主要是指契约性的规则等理性因素，这些法则向内影响到义理圈和人情圈。与此相对，东方人的人情圈法则更为成熟，这主要是指母子式的爱、情面、宠溺、依赖，即超越了理解、善恶、义气的感性因素，这种法则向外影响义理圈和公共圈。

因此，对于西方人来说，无论在人情圈里是多么亲密的人，如果被贴上了不义的标签，就会被毫不留情地抛弃；而对于东方人来说，如果是属于义理圈或是人情圈里的人，即使他们被贴上了不义的标签，也不会抛弃他们。田中前首相得到最高支持率，除了他

---

① 李在鹤(1904~1973)，日本殖民地时期的官僚，也是大韩民国公务员、政治人。

是继丰臣之后的又一位平民首相和民众有共鸣之外，这种容纳不义的人情和义理也是其形成原因。

水门事件中，尼克松周围的助理中没有一个人想要发扬东方式的义气去救助他，他周围的亲密圈中没有人愿意为保首领而成为替罪羊。不知韩国人会不会认为这种做法很无情，但是以美国的公众意识来说，这既不是遗憾也不是无情。

向渎职的田中前首相放冷箭的本党内阁或议员在选举中自食苦果，选举中掀起了禁止给他们投票的运动。相较于对渎职和舞弊的憎恶，日本人更加痛恨同党之间，尤其是对自己的首领进行攻击并最终将其送入监狱这种对义气的背叛，这不得不说是日本人意识构造的产物。

综上所述，美国人最看重公共圈，日本人最看重义理圈，韩国人最看重人情圈。用颜色来比喻的话，如果说韩国人的人情圈是深红色，义理圈是粉红色，那么日本人的人情圈就是粉红色，而义理圈则是深红色。

当然韩国也历来重视义理。四色党争①与其说是由于思想和理念一致集结成党，倒不如说是因为义理而集结为党。然而，从若不是统一党派、学派则不能通婚等方面来看，韩国的义理又是极端家族式的。

也就是说，韩国人的义理是偏向于人情的，这与日本人的义理有所不同。

---

① 朝鲜时代，士林派为了争夺政权而引起的政治斗争。

逻辑思维的缺失

即使同是吟咏离别，韩国人和西方人也是有区别的。

牧隐李穑[1]有一句诗为："我有男儿泪，即使哭也三十年不落。今日与你长亭作别，春风吹落了一滴眼泪。"这采取的是具象的手法来吟咏离别。西方的丁尼生有"眼泪蒸发幻作你心之梦幻桥，千百年回环"这样的诗句，这采取的是抽象的手法。虽然意境相似，但是与西方人不同，韩国人采用的是形象思维。

曾经有部叫作《75空难》的外国影片。空中飞机相撞导致客机驾驶舱出现一个大洞，长时间空中徘徊后，飞机中极其寒冷，影片通过讲述这种状态下发生的故事来刻画人性。为了使这部影片成立，以即使驾驶舱破了个大洞或飞机粉碎也不会坠落为推理前提。

---

[1] 李穑(1328～1396)，韩国高丽末期哲学家。

即使实际上会坠落,也必须想象它不会掉落。

可是,有几个同事看了这部影片后评论说:"飞机破了个大洞还能飞吗?这是电影吗?是漫画吧!"对于不用推理逻辑仅具象地构现场景的韩国人来说,这部外国电影所带来的感动肯定会变了味儿。

韩国人用排位等具体的事物将已经逝去的抽象的祖灵具象化。因此在起火或者是避难时,会先救灵牌,然后再救活着的人。丁丑胡乱①时,江华参政姜海寿为赎回被胡军俘虏的母亲、弟弟和儿子,亲自去了中国沈阳人口买卖市场,却陷入了两难的困境。因为当时赎金价格上浮,原本准备的三个人的赎金现在只能支付两个人的了。

被俘期间姜参政的母亲已经亡故,只剩下了灵牌,然而这并不能成为解决问题的突破口。人贩子知道朝鲜人珍视先人牌位甚于在世的人,要求即使是牌位也和活人等价。在一番思想斗争之后,姜参政将母亲的牌位和弟弟赎回,自己的儿子就只能丢在人口市场。

即使是死去了也凌驾于活人之上,韩国人这种具象化的信念真是可歌可泣。

午夜祭祀时,为了迎接祖上的灵魂一定要敞开大门。我小时候有过被吩咐去开大门的经历,因为害怕,犹豫再三之后,我没去开门却谎称自己已经开了门。

不知道祖先的灵魂会不会因为大门紧闭,来到门前也只能转身回去,这种自责随着年龄的增长越来越深。我们完全不会有神灵可以翻墙而入接受祭祀的想法,认为他们就像人一样,要从大门才能进得来,这样形象化的意识成为这种自责的源头。不仅是对祖灵,对神

---

① 通常称为丙子·丁丑胡乱,1636年12月到1637年1月,清军入侵朝鲜的事件。

灵也是同样的想法。

像米勒《晚钟》里在田地的中央,或是像圣女贞德那般从云层缝隙中得到启示,西方人与神灵交流时,既没有媒介也没有神像。与之相反,韩国人一定要通过城隍庙或者是神坛,或者在树上挂着碎布条,又或者以金线穿针把神具体化之后再与之接触。也就是说,韩国的神是可以用手触摸到的。因此抽象地把握原罪意识对韩国人来说是不可能的,我们祈祷的内容大都是求子,或者是求病愈,或是祈求摆脱当下的不幸等,这都是现世间的事情。

由于缺乏抽象能力,民间传说中无一例外都是依靠上天放下的绳索,才能与上天交流。

印度人念经是抽象想象阿弥陀佛的无量的过程。阿弥陀佛的身长是恒河六十万亿砂石数亿倍,以圆光照耀三千大千世界,带有八万四千小相和八万四千大相,想要看清他,不动用最大限度的抽象思维是不可能实现的。而印度人念经即是充分动员这种抽象想象力的过程。

而在韩国念经,则会将抽象的过程掐头去尾,使其变成"南无阿弥陀佛"的空洞念经。也就是说,离开人世之时只要念十遍阿弥陀佛就相当于是往生十念了。之所以如此,是因为在韩国人的意识构造里面,印度式的抽象和推理能力是不可能实现的。

西方二元论始于柏拉图的现象与本质学说,肉体与灵魂对立,物质与思想对立,到了康德学派发展为价值与事物的对立,这些都是具体性与抽象性的对立。然而韩国二元论阴阳学说则是具体事物之间的对立。

比如,阳为男,阴为女;昼为阳,夜为阴。天地、春夏秋冬、父子、君臣、前后、左右、表里等,这些都是从阴阳关系的角度来把握的。五行也是如此。我们将五行哲理具化为东、南、西、北、中五方,青、赤、黄、白、黑五色,八、七、五、九、六五数,酸、甜、甘、辛、咸五味,喜、乐、欲、怒、哀五情,肝、心、脾、肺、肾五脏。

遇到类似于感情这样无可触摸的概念,韩国人则试图用触觉来体会出它究竟是圆是方、是温是凉。

这种具象思维在接受外来文化时也同样对我们产生影响。也就是说,韩国人对外来文化不进行原理上、构造上的理解,而是快速吸纳眼睛所能看见、手所能触到的最近最表面的具体事物。外来文化有着它具体的一面,同时也有着原理的、构造的、隐藏着的深层次内涵,韩国人没办法掌握这些方面,只是熟知表象。

只求取冰山一角则谓模仿;只求一角,而将看不见的底面全部丢弃,就等于是将创造力全部丢弃。可以说这个冰上一角促使韩国人具有了超强的模仿力。

性欲的自我虐待

在我所成长的环境中，女人在家里是不可以大声说话的。不仅是村里的女人们，连母亲、姑姑或者是姨母，只要进入家里，就都只能咬耳朵或者要用手捂着嘴，或者只能用很小的声音说话。如果父亲或爷爷在家，说话的声音就要放得更低。这样看来，放声大笑可以成为赶走一个女佣的充足理由。

曾经有个生活在外地的表姐放假时来我们家玩。当时醉心于希腊神话的表姐和我并肩坐在桌边，认真地给我讲普罗米修斯、丘比特和赛姬等希腊神的故事。但是因为我家必须姑娘和姑娘、小伙子和小伙子同席，这个表姐第二天就走了。

记录女子品行的《内训》①在"言行篇"中写道，即使是兄弟姐妹也不可以混坐，不可以在同一个衣架上

---

① 韩国朝鲜时期，第九代王成宗之母昭惠王后在1475年所撰，对妇女进行教育所用。

挂衣服,不可以使用同一把梳子。虽然并不禁止兄弟姐妹间说话,然而尚未出嫁的女子不可以和叔伯以外的男人、尚未成婚的男子不能和叔母以外的女人交谈。出嫁了的女人更为严重,若回娘家省亲,即使是和亲兄弟也不可以同桌吃饭。

彻底排斥性事的读书人家的院子里是不可以放置碓的。即使是有踏碓的富裕家庭,如果很传统的话也不会在院内放置踏碓,而且也不和院内有踏碓的人家结亲。老话里说,碓是性交行为的象征,捣碓的行为就象征着性行为,因此都很排斥碓。

宣祖时期首尔云从街发生过一件事。逮到妻子通奸的丈夫用石头击打妻子的下阴,将其砸死了。记载这宗案件的禁府在写报告时对下阴的措辞产生了争论。不管怎样,在法律文书里面是不可以赤裸裸地描写的,但是又一定要将事实记录下来。此时,当时有才子之称的咸阳吴一夒想出了一条妙计。

他这样组织条文:"以无方之石打杀不忍见之处。"避免了直接表述阴部,而用"不忍见之处"来美化,这种表述成为后世法律文书中描写阴部的习惯用语。

类似于这样的事情例证了是韩国人如何排斥与性有关的事物的,而且这种排斥已根深蒂固。

性的自我抑制也导致了很多性焦虑症状。睿宗的世子齐安大君李珺可以算是众多事例中的一个。世子当时师从奉《小学》为儒学行为准则的教条主义者们,自幼忌色,即对性实行自我压抑,后来慢慢恶化为性恐惧,只要看见女人就会逃跑。

王室担忧其没有子嗣,甚至公告将对去除世子性恐惧的宫女进行奖赏。然而晚上受到"奇袭"的王子扯着嗓子怪叫着逃走了,并且为了洗净被女色污染的肌肤而洗了一个多月的澡。除了韩国,再没有别的国家或民族像这般对男女进行完全隔绝的了。这种男女授受不亲的道德观给韩国人的意识构造造成的影响是不言自明的。

　　男女之间天然的关系是爱与性。为了断绝这种天性,强加一种抑制的压力是必要的。韩国人想要在韩国社会生存就必须培养这种抑制的压力。压力越大,就能成为道德方面越成熟的人,就越能被视为美德。从客观的角度来看,这种压力就是一种自我虐待。

被扇耳光还在微笑的韩国人

我曾经接受过一个让人很难办、很尴尬的请求——让我在旅行中途顺便去一趟德国,将国内妹妹亡故的噩耗转告给一位嫁到德国的夫人。向父母早逝,与妹妹相依为命渡过了战后艰难日子的姐姐传达妹妹故去的消息实在是很难办。

然而,我们面对面坐在桌前,传达了这个消息后,出乎我的意料,夫人只是眼眶稍稍湿润、嘴角微微抽动了一下,然后很吃力地笑了。虽然她面带笑容,但是我看见在桌子底下,夫人的双手在膝盖上用力地撕扯着手帕。

为什么她听到这个噩耗之后还会微笑?为什么在桌子底下这种隐蔽的地方表现得很痛苦,而无法隐藏的脸上却还挂着微笑?这种双面性西方人也有吗?如果西方人在悲伤的时候哭不出来,那么这种特有的笑容则是始于我们韩国人意识结构的特殊笑容。

"我们家的韩国保姆要请四天的假,我问她为什么。她好像非常难为情,嘴角挂着微笑说因为丈夫过世了。我非常吃惊,她却还带着微笑。办完丧事回来后,她仍然笑着感谢我让她无牵挂地办完一切。

我完全无法理解。"

上面是李朝末期,法语学校的法国校长埃米尔·马特尔回忆录中的一段文字。极度悲伤下还可以微笑的韩国人,西方人是无法理解的。因为在西方人认为笑不出来的时候,韩国人还在微笑。

韩国人的意识构造使得其表面微笑,内心却在哭泣,这是通过隐藏强烈的个人情感而形成的一种自我保护机制。韩国人认为恣意纵情会给自己添麻烦,更进一步则是极度恐惧会给自己所属的共同的"场"带来混乱。

韩国人认为流露出自己的悲伤会让对方也感到难过,给对方造成不必要的麻烦,因此遭遇妹妹或是丈夫亡故也会竭力微笑。这是不想因私事而遭到同类的排斥,因而产生了这种执拗的自我保护。

韩国式微笑不仅是隐藏悲伤感情的手段,同样也是淡化过失感、屈辱感或劣等感等负面情绪的手段。

李朝末期的传教士盖尔乘渔船出海钓鱼,因为船夫失误而掉进了海里。爬回船上后,盖尔火冒三丈,狠狠地扇了船夫一耳光,而吃了一记耳光的船夫却笑了。

不明白韩国式微笑真正含义的盖尔认为,这是不为自己过错反省却表示反抗的示威,于是又扇了船夫一记耳光。但是船夫依然在笑。这个打人的西方人只会把这笑容理解为对自己的无视,但是挨打的韩国人则是即使很伤心，也想要用微笑来淡化自己的失误，从某种意义上来说，他是期望得到原谅的。

在公车里无意踩到别人的脚，如果对方看到歉意的微笑就会接受这道歉。西方人用语言，而韩国人则用微笑来冲淡这种过失。

如果踩到西方人的脚却还笑的话，那恐怕你就会变成被盖尔扇耳光的船夫了。

儿子，儿子，儿子

古时候韩国人看女人的容貌不是看其是否漂亮或者健康，而是看其是否具有能生很多儿子的旺子相。

到了适婚年龄，公公婆婆物色儿媳妇的时候，最关注的是能够看出女人是否具备生儿子能力的"女相法"，这种女相法已经成为民俗。

能生儿子的女相一般符合以下标准：

"不是细长的眼睛，眼尾干燥；眉毛弯成八字形，额头平坦；臀部大，肚子大；皮肤有光泽，肌肤清香；嗓音平稳，底气充足；气色泛荧光或水光；手如春笔；脸为鹅蛋形有棱角；手掌红润有血色；乳头暗黑结实；鼻梁挺直，丹凤眼；肚脐深，肚皮厚实。"

韩国人认为，即使面容丑陋，只要有像星星般闪亮的眼睛、红唇、直腰、身板结实、肚子敦实、相貌大方，瘦削但是只要嘴唇有光泽就可以生出儿子。另外，印堂端直，婚龄时皮肤上隐隐有紫气，山根不断且还很明显,这样的都可以激发丈夫的阳气,生出儿子。据说,男人的精气旺盛体现为双目清秀,女人精气旺盛体现为皮肉血足。头发是青黑色且粗厚,皮肤有光泽,这都是气血充足的象征。

生不出儿子的"无子相"也有着普遍的标准：

"头发黄或者红；额头突出或陷入,面部凹陷；大脸小嘴；眼白发红或发黄；额头有皱纹；眼角深陷；鼻毛茂盛；眉毛稀疏；头发卷曲且蓬松；耳朵靠后；塌鼻子；长脸大嘴；嘴唇薄且苍白；嘴唇像吹火般凸起；塌肩；身轻；牙白如玉；身体虚弱；背部凹陷；肚子窄小；破嗓子；腰过细；臀部窄小；眼睛黑白不分明；舌有白苔；乳头泛白；皮肤无血色；肚脐窄且浅；皮肤冰凉；皮肤触感如棉花；皮肤滑如油。"

女相就是以此为标准来判断一个女人是否能生儿子的。

为了生儿子而产生的性交习俗也有很多。适孕日期的算法中以三十时辰法最为流行。月经后三十个时辰——一天有十二个时辰——即两天半之后是进行性交怀上孩子的最佳时机。古时认为此时子宫是张开的,若过了这个时间子宫就会闭合。

或者用白棉沾经血看颜色,若是鲜红或暗红色就要避开这个时间,若为金色则适合交合受孕。若经期觉得疲倦、困乏、发热,则就到了性欲旺盛的时机,千万不要错失了这个机会,进行性交受孕。

为了掌握性交中生儿子的技巧,婚前教育是必修课。女人子宫有左右两个孔,精子进左孔的话会怀儿子,进右孔则是女儿。因此将精子放入左边子宫穴的方法就流传了下来。

性交时阴道内1寸2分深处向左偏斜射精使精子进入子宫左孔,性交后妻子不可以动左脚,必须向左躺使得精子流入左孔。

左边和男性相联系的风俗源自于左尊右卑的思想,不仅是性交时向左侧射精,其他很多领域中也能体现出左尊右卑思想。

古时韩国人相信如果怀孕时左边乳房长出肉疙瘩怀的就是儿子,若是在右边则是女儿。叫正在走路的孕妇,她若向左回头则是儿子,向右则是女儿。怀孕四个月若左边疼痛则是儿子,右边则是女儿。孕妇左手肿大是儿子,右边是女儿。

生孩子时挂在门上的禁绳也和平常正着捻不一样,是往左边捻的。左是阳神,右是阴神,对人们来说阴神是引起祸害的根源,即所有病恶都是阴神所致。于是象征着与阴神相克的抗衡力量由象征着阳神的左绳来实现。

和这类似的产俗所蕴含的左尊思想在给第一个孩子穿衣服时男孩先穿左袖、女孩先穿右袖的习俗,婚礼时新郎坐左边、新娘坐右边的习俗,男人的衣襟左在右之上、女人的则相反的习俗,官职里的三政丞中左议政高于右议政等左阳右阴、左尊右卑思想的土著化中可见一斑。

可以怀上儿子的性交日叫作贵宿日,对此十分讲究。贵宿日主要是奇数日,会回避生女儿的偶数日。

月经后第1、3、5天是贵宿日,2、4、6天则会生女儿。

此外,母亲的年龄是奇数,在奇数月份、奇数日期性交的话就是乾卦,会生儿子;偶数年龄、偶数月份、偶数日期性交则是坤卦，会生女儿。

7×7＝49再加上受孕月数，然后减掉孕妇年龄得出的数字若是奇数怀的孩子就是男孩，若是偶数则是女孩。

此外，还有将记载一年中生儿子日期的贵宿日表和"二月乙酉日白昼头向北交合的话会生儿子"式的求嗣养生月令表秘密地写给成了家的儿子的习俗。

还有对已经怀上的孩子加注咒语，借助其力量把女儿变换成儿子的转女男处法。

如果怀孕，就背着妻子将斧头的刀面向上悄悄放入妻子的床褥中，或将一块石雄黄放入袋中随身佩戴在腰上，或在左边头发里插上萱草簪或萱花，或从公鸡尾部拔三根长毛偷偷放在孕妇床褥下，或将丈夫的头发、手指甲、脚趾甲放入孕妇床褥下。

斧头、石雄黄、萱草、公鸡、丈夫的头发、手指甲和脚趾甲，还有左边、3等数字都是象征男性的，被认为是可以引发男孩咒力的东西。

分娩也完全体现了男尊思想。南岛地区广泛采用在产房里圈放芝麻秆的习俗。这种做法有两种象征性的解释。一个是像芝麻荚怀有芝麻粒一样，象征多生子；另一个是芝麻油象征的润滑性有助于安全生产。

助产的妇人也必须是家里有7、5、3个以上儿子的人。宫中王子或是王孙将出生时要在宰臣中选多子之人在昭格殿进行醮祭。在王妃或是太子妃铺躺的草垫下铺上多公鼠的皮毛以求生子。这都是求生子的咒术。

孩子生下后挂的禁绳也有儿子和女儿的差别，是儿子就三周，女儿只有一周就收起来。若是千求万求最后终于生了儿子，那时间就会延长四七二十八天或者五七三十五天。不挂禁绳的开城和平壤地区在生了儿子时会贴上写有"有产庆忌不精"的白纸，女儿则贴"有产姑忌不精"或者只贴上"解产家"。

江原道通川高城地区生了儿子时会在屋檐下挂一枝松树枝，若是女儿就什么也不挂。

禁绳上挂的东西也男女有别。女儿只挂木炭和松树枝，儿子的话则挂象征男性生殖器官的红辣椒（全国）、象征睾丸的两个圆石头（庆北山区）、象征男性生殖器官的草把（全北、忠南、庆南海岸地区）、象征男人的口袋刀（庆南海岸地区）等来夸耀自己家生了儿子。

也有在生了女儿时挂象征儿子的禁绳的习俗，意味着下次会是儿子。给女孩子穿男装的习惯也是出于同种意图。

追求完人

《凤仙花》作者洪兰坡①的新曲被发现的时候,其中还包括了几篇流行音乐。然而,大众传媒只选取了乐曲进行报道,压根没有提及流行音乐,就像它们根本不存在似的。

当然,这姑且可以看作是一种善意的行为,洪兰波创作了《凤仙花》这样优秀的乐曲,拨动了整个民族的心弦,而媒体不想给作曲家的名誉抹黑。因为创作了流行音乐的事实会使作曲家洪兰坡失去完人的形象。这位作曲家被设定为不可能会创作这类曲子的完美人物,韩国人坚信这一点,因而在其意识中隐藏着这种困顿的善意。

莫扎特晚年为了摆脱穷困为道化师写了舞曲,默默无名时的莫泊桑曾经给流浪剧团写过台词,但是没有一个西方人将这些看作是名家们的污点,这和韩国人形成了鲜明的对比。

出自庶母膝下的栗谷李珥②由于厌倦俗世,19岁时曾剃发隐入

---

① 洪兰坡(1898~1941),韩国有名的作曲家、小提琴家、指挥家。
② 李珥(1536~1584),朝鲜时代知名儒学家和哲学家。

金刚山。

人的一生中有三次大的辗转,三十六次小的辗转,而栗谷的这次出家至多不过是这些辗转中的一次。然而当时的人们排斥、蔑视佛教,将这位巨儒人生中极小的事件视为了极大的污点。

栗谷生员及第后,想要谒见君王,掌礼闵福却以曾遁入空门为由将其剔出了谒圣名单。大司谏宋应溉也曾进谏说,李珥抛弃父母入山修行的行为理应受到惩罚。宣祖元年时,任弘文馆校理的李珥由于不堪以前是非,递交了辞呈。栗谷死后,还要对其学问进行口诛笔伐的反对党派仍以遁入空门为由对其进行反击,李珥若泉下有知大概也会十分痛心吧。

青少年时期短期出家的事情困扰了这位巨儒一生,这种偶然性很可能是韩国人内在的东西。

福特总统曾说,若患有乳腺癌的妻子希望,他甘愿放弃总统职位,这不会受到任何一个美国人的非议。而在韩国社会中,为亡妻流泪也会被儒生阶层所排挤,如果像福特总统这样做的话是绝对不会被容忍的。

韩国人对人格都会倾注完美意识,即使是微如尘埃的小瑕疵也会招致对其人格的否定。我们的生活中也充斥着这种追求完人的形式主义。李珥的烦恼即是源自于韩国人的这种形式主义,指责他的人们是在用"all or nothing"的思考方式来评价人格的。

挣了钱，变了人

韩国人周围浮动着一种无形却有很强腐蚀能力的酶。若碰上它，我们的轮廓会变得模糊，我们的形体会消失，会被溶解。即无影无形只余名号，实质消磨得与从前大不相同。

我们无从知晓这种酶究竟由什么成分构成或者有着怎样的化学方程式。就像淋了雨会锈蚀、风化一样，无论是感情、思想、制度还是宗教，只要碰到这种酶很快就会变质。这种酶如云雾般不可捉摸，外形也模糊不清，即使是身处其中也不知其究竟为何，我们姑且假设因这种酶而形成的韩国人的意识构造名为"同化"。

由于这种同化作用，韩国人的自然观具有特殊性。在西方文明或者是伊斯兰文明中，人和自然是对立的，而韩国人的自然观则认为人与自然应当相互协调、融合、缓冲、中和。

比如，相传成宗时的名相申用溉曾与菊花对酌宿醉，这就是韩国人与自然相融合的风流。燕山君时期的学者成伣在雪后初霁的月夜坐在梅花树下，白发飞扬，用玄鹤琴弹奏着仙乐。他并不是在欣赏梅花和雪月，而是融于自然，并融于音乐，进入了另一种境界。

在游牧文化圈或者是沙漠文化圈中,自然是与人类对立的,它因挑战人类的生命而被敌视,被试图征服。但是在季风带文化圈中,自然是仁慈的,因而对人类产生了同化作用。这深深刻印于韩国人的意识中,使得韩国人有强烈的同化意识。

与对立或异化作用相反,同化意识会产生亲密或和睦等积极作用,但同时也不可忽视其带来的善于"变心"的消极作用。

所谓"变心"就是随着境况和政权的变化而轻易被同化。某地的某个乡绅在日统时期担任消防队长,解放后又帮助促成独立,不作任何抵抗和思考就追随新的政权,这种"墙头草"的事例在韩国屡见不鲜。而我们对政客加入反对党之类的事也不会太过惊讶。

不仅是政治,在经济、社会等所有领域,相对于维持某种情况,我们更倾向于跟着情况的改变而被同化。

不管是西方的哪个国家,家族企业都会由几代人传承下来,这是常识。因此,西方人在介绍自己的时候经常会说自己是第四代邮递员或者是第五代蔬菜贩子。即便是我们的邻居日本也是如此,传承好几代的家族企业并不罕见。

然而,韩国除了农业和渔业之外,别说两代了,维持自己这一代的都很少见,曾经名噪一时的某饭店也很少能经营一二十年。这是因为韩国人一旦赚了钱,就会坐升降梯般迅速被环境同化。

奉行极其"克己"的儒生思想虽然能够在一定程度上牵制韩国人极易变心的意识结构，但其消逝后人们的一生从此开始无视持续性和连贯性。

如此，若古时候的儒生奉行吃野菜、喝清水这样清贫的生活价值观，即便升官发财也不会被锦衣玉食所同化。但是这种价值观一旦被打破，就会不断地琢磨如何达成与上升的财力或身份相匹配的变身。居所变得豪华，私家车变得高级，就连经常去的酒馆的档次也很快就变了。

这种同化作用对韩国人的生死观、信仰以及情感的表达都产生了莫大的影响。

妓院里的"筷子钱"

古人认为,用几两、几分、几斗、几升、几斗落地(能撒几斗种子)、几合等等来描述财物的多少是可耻的。

比如,孩子向父亲要钱时,如果精确地说出要三分五钱这个数字的话,就肯定会被训斥为粗俗。不要说出准确的数字,要说给点钱或者说要买点想吃的东西才行。给贫苦人家送粮食的时候也不会说几担几斗,而是说送了够家人吃十天的粮食,以此来回避算计。谈到土地时也是如此,我们会说几担种子,也就是用可以产多少粮食来衡量,尽量回避用几坪、几合等单位计算地产。

我小时候,有一次找爷爷要两分钱,却被爷爷骂了一通。当时两分钱可以买十个眼睛大小的糖果。我有两个一起玩的朋友,买一分钱的话,一人一个还剩两个,独吞剩下的两个有点难为情。于是我就想买两分钱的,每人三个,然后出钱的我可以多吃一个。在这样精打细算之后,我决定要两分钱。

但是爷爷出人意料的反应把我弄傻了。"没出息的东西,这种卑贱的话怎么说得出口?"

爷爷没头没脑地把我呵斥了一通,然后一点给钱的意思也没有了。

一般要几分钱的话爷爷会给我一分或两分,有时候看情况还经常给五分,可是为什么那时爷爷要骂我而且还不给钱?我花了几十年的时间反省才解开了这个疑惑。要是当时不说"给我两分钱",而是说"给几分钱吧"就好了,那么爷爷也不会发火了。因为"两分钱"和"几分钱"档次实在是差太多了。

几分钱这样模糊的数量被作为一般名词不需要经过精打细算,两分钱是仔细盘算之后的表达,让爷爷生气的就是从我嘴里说出来的是仔细算计过的钱数。

我们的祖先们忌讳直接用手接触金钱或者是财物。他们觉得钱上面布满了让人思想动摇的细菌,因此绝不会碰它。

因此,去妓院给妓女小费的话会把钱丢在碟子里,然后用筷子夹起丢在妓女的下裙摆里。古语中妓院的小费叫作"筷子钱",就是由此而来。不得已必须用手给钱的话,则会用左手捡起,这是轻视左手的"尊右卑左"思想的表现。

孝宗①时的名相李浣虽是一名文官,但是作为武将也很有名,经常被称为"李浣将军"。他总是随身带着银片,因为行军时带银片是

---

① 孝宗(1619~1659),韩国朝鲜时期第17代王。

最方便的。儒生随身携带银片,这不仅在当时,在后世的儒生阶层中也引起了很大的争论。他们指责普通儒生尚不这样做,出身名门的李浣却随身携带银片,这是有失体统的行为。支持李浣的人也只是说要考虑到其特殊情况,对他随身带钱的行为表示理解,然而对儒生随身带钱这个行为本身并没有明确地说是对还是错。

因为地契也是财物,所以儒生们都不会碰它。如果一定要触碰土地买卖文书的话,则会写一张委任书,找一个奴仆代其进行买卖。

这种代理买卖在大韩帝国末期实施注册制度时引起了极大的混乱,也成为之后土地所有权纠纷最主要的原因。在土地登记开始实施的时候,儒生和两班贵族都认为触摸文书是可耻之事,因此会委任奴仆去注册,因而出现了很多黑心的委托人登记自己的名字的事件。此外,很多儒生缺乏近代化意识,不知道即使没有恶意,以奴仆的名字进行登记也不会将土地变为奴仆的财产,他们常常因反感在日本统治下的官府登记自己的名字,用奴仆的名字代替自己的进行登记。

在消除身份制度后,奴仆不再隶属于别人,而是作为独立的个体受到保障。这就出现了明明是别人的财产却写着自己名字的情形,导致财产官司源源不断。

维持韩国人本性的好方法

利川有座低矮的山丘,叫做孝养山。精于算计、善于理财的精明人在这座山上没办法生存,而不会算计、愚钝的人却能很好地与山共存。

孝养山东边的山村里有一个憨傻、不会算计的赵某。有一天,赵某要上山去砍柴,想把钝了的镰刀磨一磨,就用一个破了的陶罐盛了水来。他把水倒了磨刀,却发生了神奇的事情。

明明水都已经用掉了,但是罐子里的水却丝毫不见少。

赵某觉得很奇怪,就用罐子装土,结果发现土会不断地涌出来。再往里面装烟,烟也是如此,装米也一样。赵某得到了件人间珍宝。

憨傻不精明的赵某是无法想到往这个罐子里装钱的话会有数倍的钱冒出来的。他只是想知道个中原因,因此拿着它问遍了村里的人。但是更奇怪的事情发生了。其他人往罐子里放米或是钱时,却发现罐子不灵光了,罐子就只不过是个破罐子而已。

韩国类似于这样的传说除此之外还有很多,这是韩国传说的一种类型。不精明的人得到福报,精明的人丢了福气的传说模式在韩国大地上扎根,这可以说是为了教化韩国人接受不精算计这一价值观。

英国奥尔德斯·赫胥黎①道破了不精算计的精神价值,他不仅称西方文明为物质文明和机器文明,而且还咒其为唯利是图的文明。因此他认为西方文明注定要没落,呼吁全人类停止这种唯利是图和精于算计。另外,属于新弗洛伊德学派的精神学者们认为在算计的深渊里越陷越深的现代人为了自己的精神健康,应当采取难得糊涂的精神预防措施。

之所以会出现这种主张,是因为算计使人疲劳并且消磨着人性,使精神作用逐渐物质化,它与现代人的精神病理有着紧密的联系。我国传统的儒生思想中不精算计的观念向我们展示了现代文明社会的未来,韩国不精算计的故事模型也在这种意义上暗示了韩国人共享之未来的遗产。

事实上,有人指责这种不精算计导致韩国人不事生产,是贫穷的主因。但是,生产是物质层面的,这里所说的韩国人不精算计的传统是精神层面的,因此不能武断地说是这种精神价值导致了物质的负增长。严格说来,不精算计可以让人们免于沦为金钱或是财产的奴隶,避免人类精神的尊严受物质左右,它是一种优秀价值体系。

---

① 奥尔德斯·赫胥黎(1894～1963),英格兰作家,代表作有《美丽新世界》。

但是，不可否认的是，这种价值体系从朝鲜时代以来已经被固化，掀起了忽视财产忽视产业经济的风潮。然而，一种价值体系总是有其双面性的。而且，韩国人只是一味地夸张放大传统价值体系中的负面作用，对其有着严重的不满情绪。有鉴于此，我们就需要重新看待不精计算导致贫穷的旧观点了。

在逐渐变小的地球村中，韩国人若想保持其本色，就要坚持这种不精算计的人际关系，这也可以说是韩国式人文主义的特色和个性。

韩国人的无眠夜

韩国的古代道德规范认为将吃穿睡等本能欲求压制到最低限度方为道德上的成熟。因此,吃得好、穿得暖、睡得香被看作是罪过,避免这些才可以使人性在道德层面上臻于成熟。

在古代文献中对寤寐妇德有着详细记载。下人不得在主人睡着前睡觉;儿子不得在父亲、媳妇不得在婆婆睡着前就寝。听到子夜第一声鸡叫才睡觉方为妇德,看见倒映在泉水中的西天月时就要将井华水打起献给三神祈祷也是妇德。出嫁时母亲会教导女儿一晚要醒十二次。而且韩国女人还被要求要熟练于浅度睡眠,就算打瞌睡针线活儿也要漂亮,耕地时也不会伤到菜根。

母亲把孩子抱在怀里,让他枕在自己的手臂上哄他睡觉,将这看作是母爱的表现是一种感伤主义。母亲的臂枕是无眠的文化史的十字架。根据教导女性言行的古训，孩子一周岁后就要枕在怀里哄睡，这是基于使孩子与母亲身体成为同一共鸣体的物理原理，孩子啼哭会引发母体共鸣，从而叫醒母亲。

也有学者认为枕臂而眠是为方便孩子吮吸母乳，但是欧洲人种、密克罗尼西亚人种、波西米亚人种的吸奶姿势中都没有枕臂而眠这一项，由此看来，韩国人的这种做法和韩国文化是密切相关的。

和西方相比，韩国的房屋结构也不利于深度睡眠。韩屋中没有独立卧室，大都是一家数口人同睡在一间房内。在狭窄的房间里打地铺同睡，是无法酣睡的。据说，人睡觉时要翻身十二次，在这个过程中要么身体相互碰撞，要么脚碰到别人，还必须伴随着鼾声、磨牙声、梦话声、孩子的啼哭声进行浅度睡眠。即使是在旁边的房间独睡也不行。韩国房与房之间不像西方那样是密闭的，而是以推拉门或者是屏风等几层纸做成的屏障来遮蔽的，其间声音往来，不绝于耳。

因此，即使看起来是进入了深度睡眠，但是实际上无视一切杂音或心理上的妨碍而安然入睡的韩国人却是少之又少。西方人则不同。他们来到韩国后，印象最深的一是湛蓝的天空，另一个则是无论在哪儿都能睡着的韩国式睡眠习惯。

旧韩国末期来韩的英国皇家地理学会会员伊莎贝拉·伯德·毕晓普女士在其旅行记中写道："韩国人精于睡眠之道，他们无论以何种姿势都能入睡，即使是在西方人无论如何也睡不着的情况下，韩国人也能安然入睡。"

年前回国的理查德神父也说，在喧闹的公交车上睡觉的韩国人是真正的太平主义者。不过，韩国人不论在哪里都能入睡并不是因为天下太平，而是由于晚上不能安睡而导致的生理需要。

在公交车上打过盹的人都知道，在打盹的时候肯定能听到人们喊叫的声音或者是车过交叉路时叮叮的声音。虽然在睡觉，但意识中的某个部分却是十分清醒的。生理学家将这样的现象称为"浅睡眠"。明明身体在睡觉，意识却是清醒的，人做梦的时候就是处于这种浅睡眠时期。

健康人一天要睡7～8个小时，其中每2小时会出现意识处于清醒状态的浅睡眠。但是韩国人却在这7、8个小时内一直处于浅睡眠状态，也就是说韩国人虽然就寝，但是却无法熟睡。

"睡得好吗?""晚上可安睡?"——这样的问候语与韩国人特有的无法安睡的夜晚文化史密切相关。韩国的夜晚从人类学、物理学、文化以及精神学角度来看，都是无法安然入睡的，这种过去式的问候中掩藏着韩国人对一夜安睡的渴求。

2

韩国人的10年长于中国人的100年

目光短，胆量大

韩国人眨眼的时候除了只是闭起一只眼睛之外没什么可玩味的。西方人眨眼会目光朦胧，为了浓缩眼睛所传达的意思而眯起眼角。与西方人相比，拙于玩眼睛把戏的韩国人大概只能干脆闭上眼睛了。

韩国人不像美国人那样表情肌发达，这是众所周知的事实，就连眼神表达也不例外。

韩国人的眼珠不善转动。只有表达负面感情时会故意瞟眼睛，除此之外平时为了掌握某种事物而斜视并不如西方人做的那样自然。

眼神的落后性并不只是导致无法客观地、统筹地看待事物，也从文学和哲学方面反映出我国精神文明未来的渺茫。韩国古画中远近法的使用不多也正是出于这个原因。

据说，18世纪韩国使臣一行人在北京天主教堂仰望天花板上的宗教画时，害怕天使会掉下来而蜷起了身子。朴趾源①的这一记录并不是夸张，这是从未用过远近法的人在第一次接触它时产生的必然反应。

韩国人的特色不在"眼"，而在于身体深处根深蒂固的"胆"。大胆和胆大，心惊胆战，壮胆和落胆（吓坏），尝胆等，这些都是靠"胆"来决定的。

"胆"能包含所有的事物。不管是苦难、倦怠、耻辱，抑或是愤怒、怨恨，甚至连喜悦都会咕咚一下吞下去，然后若无其事。在客观上互相矛盾的事物也可以一并吞下且像什么都没发生一样。因此把胆子养大就成了做韩国人的条件。然而"胆"在克服"现在"上虽然发挥着很大的潜力，却因为"胆"上无"眼"，导致未来迷茫。虽能不遗余力地固守今朝，但却缺乏企盼明天的进取能力。

韩国最具有革新思想的青年学者金湜②在己卯士祸③中，无法脱困，决心自决时，留给侍奉自己的下人的最后一句话是"如此胆小，唯有一死"。这是因无法承受自己所面临的困境而自责的话。此与世界文豪歌德临终时说的"打开窗户，让更多的光进来"形成了对比。

韩国人执着于现在的"胆"与西方人窥视未来的

---

① 朴趾源(1737～1805)，韩国李期末期学者、诗人、小说家。
② 金湜(1482～1520)，韩国朝鲜时期有名的朱子学者。
③ 1519年，朝鲜时期发生的士祸。

眼睛有着明显的差异。

1970年韩国喜马拉雅登山队首次成功登上楚伦喜马峰，创造了新的世界纪录。此后国外两支登山队各自登顶并对韩国人的纪录提出了怀疑。怀疑的焦点在于，就当地的冰裂和冰崖情况作对照，韩国登山队的前进时间根本不可能。

也就是说，C地与D地之间有万年冰裂，绕路走的话需要四天时间，但是韩国队却只用一天就跑完全程。但是这种疑问是由于不了解韩国登山队而提出的。我曾经参加过一个登山队，亲眼目睹登山队家常便饭似的跳过2米宽的冰裂。如果不跳过去的话就必须绕半天的路，于是就铤而走险毫不犹豫地实施这种半是危险、半是冒险的跳跃。这不是"眼"的行动，而是"胆"的行动。韩国人完全不管对面冰质可能会很薄脆，若跳过去可能由于体重和惯性而使冰面破裂掉进百米深渊的危险。

在攀登冰崖时，即使崖顶有万年形成的雪球，也不能阻挡韩国人的脚步，因为绕路会花上好几天的时间。这不是预见可能有坠落危险的"眼"的行动，而是冒着风险跳过去的"胆"的行动。这是仰仗着几千年不落的雪球不会刚好在我攀岩的时候滚下来的侥幸心理，或对宿命式未来的信奉而产生的想法。

换作西方人，面对这样的冰裂，即使是搭着梯子走过去他们也不会做，因为对对面的冰质缺乏信心。即使断定不会轻易发生雪崩，但哪怕有1％崩塌的可能，他们也会选择绕路走，这是再理所当然不过的常识。

充分谋划眼前未来的西方人和对未来寄以侥幸和命运观的韩国人的意识构造差异，通过登山队完完全全地反映出来了。

放弃仍可为的未来是由于缺乏展望未来的远见，这大概可以说是将空白的未来交给命运或是侥幸的乐天行为。西方人想都不敢想的在短时间内登顶、挖隧道、架梯的突击性就是源自于此。

韩国人在想什么（2）

한국인의 의식구조

韩国人的10年长于中国人的100年

韩国人是儿孙狂

韩国人的男尊思想最突出的表现为生出儿子对男尊社会的维系体制——宗法社会进行继承。在依靠强势父权维系的社会中，女人存在的首要作用就是生育儿子的生理机能，而她们人生的最大意义也是诞下儿子。

由于社会和历史对韩国女人的这种要求，韩国有很多与祈子有关的信仰和民俗。通过这种咒祷式的信仰或民俗所体现出来的韩国人的欲求，可以分为祈丰、祈病和祈子三大类。并不是说没有祈祷祖灵、安宅、富贵的信仰习俗，只是大致都集中于上面三大祈愿，当多个信仰共存时，祈子信仰最为优先。因此，保佑生子的产神——三神在家族祭中比祖神的级别还要高，而保佑多子的府君神在部落祭中也是主神。

与主要由祈丰、祈病、祈富和祈厄构成的外国咒祷信仰不同，韩国的三大祈愿将祈子信仰囊括其中，这可以说是因为韩国的男尊女卑思想比其他国家更加严重。韩国的这种祈子信仰和习俗从史前时期父权社会确立之初就已经产生，而到了李朝中前期朱子学将男尊思想体制化，祈子咒术也更加根深蒂固，本来与祈子信仰完全不沾边的信仰也受这种高涨的社会、宗法要求的影响转变为祈子对象。

佛教和道教虽是与祈子无关的信仰，却也融入了祈子佛供、七星信仰等祈子信仰，预言普度未来的弥勒信仰、风水地理也融入进了祈子的范围。

祈雨的龙王信仰也转化成了祈子信仰。类似这种与祈子完全不同的信仰转化、融合为祈子信仰，很好地体现出了韩国的男尊思想极其严重，因此生子也极为重要。

血染裙衣作青冢

朝鲜时期华城住着一个叫金福的普通百姓。壬辰倭乱①时，在出任义兵前夕，他脱下上衣在妻子车氏面前露出了脊背。车氏一边哭一边用几根粗针在丈夫的背上刺字。普通百姓这种悲惨的赴兵刺字习俗，以一种悲剧之感说明了弱小国家当时所处的状况。

刺字是为了在一堆战死的尸体中认出自己的丈夫、父亲或儿子。这种以死亡为前提的习俗直接反映了当时情况的危急，也体现了韩国人即使死去也要回家的归巢意识。

赴兵刺字时伤口流血的话，妻子会用内裙将血擦拭掉。这并不是为了把血擦干净，而是为了保存这鲜血。万一在战场找不到遗体，就会将沾血的裙子作为身体的替代品埋葬下去，做成虚冢。想到刺字这么悲情的两个作用，刺字的妻子和被刺的丈夫都无法控制自己的眼泪。

---

① 壬辰倭乱：明万历年间朝鲜抗击日本侵略的战争。

壬辰倭乱时，原在义兵将领金千镒麾下作战，之后担任义州皇帝行宫宣传官的刘珩背后也刺着"尽忠报国"四个字。他在晚年时曾把背后所刺的字给子孙们看，说："这是壬辰倭乱中服兵役时所刺，但是沾有血迹的衣服却并没有做成坟墓，让我可以全身入葬，这都是君王的恩典啊。"支撑着韩国的历史的前进的，正是祖先们，尤其是普通人所怀着的悲剧性的保家卫国的传统，而这体现出来的是不显山露水、未青史留名的气概。

我们曾相信木刻大藏经可以击退契丹人军；认为即使受到外敌践踏，只要君主和玉玺没事，那么国家就不可能被抢走；认为在战争中只需保卫江华、义州和罗州。而平民层的护国思想与这种传统的护国思想恰好相反，它是新兴的、刚强的，值得我们刮目相看。

我们的疆土上葬着的拭血衣裙的虚冢，恐怕比历史中记录下来的更多。因为墓主是庶民，所以连墓碑都没有。然而或许正是凭着那些埋着血裙的无名冢的庇佑，韩国的历史才得以书成。

下面要说的事例可以证明衣裙虚冢的习俗在韩国具有普遍性。

河东玉宗面大谷里有个三壮村，这是为了歌颂三中状元的林川湖堂赵之瑞而取的名字。燕山君登基前,作为其老师的赵之瑞多次劝诫、责备其残暴行为。而这位暴君一上台马上就下令用石磨碾死其老师,并且将尸体丢进汉江。赵的妻子郑氏用裙子收集了他的血,自己也险些投海,这是牵动了无数人心魂的悲剧女主角。

郑氏是一位烈女。她在极端的情况下用裙子浸透丈夫遗体的一部分,将其解救出来,也将自己的子孙从背祖忘宗的骂名中解救了出来。因为埋葬的是沾血的裙子,所以燕山君的这位良师的坟墓也俗称"衣裙冢",名声流传后世。

鹿岛万户长李大源烈士与外敌作战,保卫边防,屡建战功,他与躲避战斗、只图功名的时任水军节度使的沈岩关系不好。竹岛之战中李大源先率领前锋出战,遇到大军,与之鏖战,沈岩却并没有按照原计划指挥后进军队前来支援,李大源因此陷入全军覆没的困境。他在绝境之中咬破手指在撕下的衣服上写下了如下一首诗。之后把衣服送回家,托付家人立一座诗冢。

日暮辕门渡海来
兵孤势乏此生涯
君亲恩义俱无报
恨入愁云结不开

竹岛之战前,观察使意识到水军节度使沈岩的不义,意欲将万户长李大源升任为水军节度使。然而遗憾的是在委任状到达鹿岛时,李大源已经被俘且执行了斩刑,年仅22岁。

这位年轻壮士的诗冢成为过往儒生必往叩拜的圣地,而他的那首断肠诗也在百姓中流传开来,直到李朝末年还被百姓所传唱。这是血冢与诗冢结合的一个实例。

将"对不起"作为口头禅的民族

这是发生在一架路经德黑兰飞往以色列的 BOAC 客机上的事。通过机内广播乘客们得知了一个不幸的消息,这架飞机必须在德黑兰机场迫降,而安全降落的几率仅为 10%。

"现在我们能做的只有向上帝祈祷,有司祭经验的乘客请主持本次祈祷"。

在一阵阵的哀号和呜咽声中,祷告开始了。乘客都是白人,我是唯一的东方人,我的旁边坐着一对英国老夫妇。

我对神没有概念,也没有祈祷的习惯,只能呆坐在那儿。

"拜托请你双手合起来。"

旁边坐着的老太太似乎受到了惊吓,脸色苍白地请求我祈祷,并且摆出一副焦急的表情,好像客机如果在空中爆炸的话,那都是因为我这个不祈祷的异端分子。

"对不起,我不会做祷告。"

"那就由我代你为你的灵魂祈祷吧。"

老太太握起我的双手,强行合在一起,默诵着主的教诲,为我这个异端撒玛利亚人祈祷。

祈祷结束后,为了感谢这位将我从招来不幸的责任中解救出来的老太太,我说了句"对不起。"

话音一落,老太太费解地反问我:"做错什么了吗?"

我说的第一个"对不起"用的是这个词的本义,而后来说的"对不起"表达的是"谢谢"的意思,我马上觉察到自己用错了词。韩国人经常会说"对不起"、"非常抱歉"。和西方人常说"谢谢"不同,韩国人常把"对不起"挂在嘴边,这是因为西方人一般表达感谢的场景韩国人则用"对不起"来表达。

"对不起"是在妨碍了对方舒服安定的状态时的谢罪之辞。在得到对方的关怀后,不说"谢谢"而说"对不起",这是因为觉得自己破坏了关怀行为发起人舒服安定的状态。如此看来,洞察对方表达关怀时所做出的辛劳而表示谢罪所说的"对不起"比"谢谢"包含了更深的谢意。

在韩国人的意识中,把对方并非特意表达的关怀当成自己的过错,这与其说是谦逊,倒不如说怕自己可能会忘记对方的好意,因而产生了焦虑和担忧。

感谢的话是建立在平等的关系中,这在上下等级严密的韩国社会中或许被视为无理和冒失。也就是说,作为依存体,韩国人是出于维持人际关系的需求而频繁使用"对不起"。这在类似于"不孝"、"犬子"、

"钝马"(相当于汉语的"鄙人")、"贼子"等自我贬低的习语中也有所体现。

如果不是作为独立个体而是隶属于某个对象而生存的话,那么就不可能同对方平等,因而就产生了对自己的贬低和罪视。

称呼中蕴含的自贬

李朝末期,德国人穆麟德受清朝大臣李鸿章的推荐,作为参判受用于韩国政府。临行前,他去向李鸿章辞行。

李鸿章坐在座位上问他:"你会在朝鲜国王面前三跪九叩吗?"听了这个问题,穆麟德回答道:"我在大人您面前都不行恭敬之礼,更何况是朝鲜君主呢?""若不如此,你恐怕会被退回来。"李鸿章如是说。

穆麟德接受了李鸿章的忠告,在谒见高宗①时不仅三跪九叩,甚至不顾自己的高度近视,不戴眼镜前往拜见。

像这般叩首跪拜的自我贬低行为是在韩国社会生存下去的必要条件。因为韩国社会是等级制社会,要在这个社会生存下去,不管处在哪个级别,在上位

---

① 高宗(1852~1919),韩国朝鲜时期第 26 代王,也是大韩帝国第一任皇帝。

者面前都要贬低自己。

我曾在聚会上碰到的一个美国女大学生,她介绍自己时说"我是殡葬世家第三代传人的三女儿"。对于这般没有距离感的介绍我一度感到很惶恐。或许邻村崔进士家的以美貌闻名的三女儿可以这么介绍,但是殡仪师家的三女儿把殡仪师这样不怎么光彩的家底毫无顾忌地,甚至是在陌生人问都没问的情况下一股脑儿说出来,这使我有充分的证据怀疑西方人是否也有自我贬低的习俗。

然而,韩国人的意识结构是属于等级社会的,所以对其产生了误解。西方社会是没有等级的、平等的横向水平社会。不管是殡仪师家的三女儿还是崔进士家的三女儿,她们不属于某个等级,也就不存在尊卑上下了。那名女大学生的自我介绍在水平社会意识结构中是再自然不过的了,而对其产生误解是由于等级社会的意识结构。

我们再来看一看打招呼的方式。西方人站在对等的立场上握手,而在韩国则是一方对另一方行礼,这是一种自我贬低,是带有等级性质的打招呼方式。

有户在美的韩国人休假时举家回国探亲。生长于美国的孙子叫奶奶的时候直接用了"你",因为他只知道"you"的对应是"你"。当时父母吃了一惊并予以纠正,但是孙子直接用"你"这个习惯不是一天两天就能纠正过来的。由于孙子叫奶奶"你"搞得大家不愉快,他们只得提前回美国去了。

和英语不同,韩语中与"我"相对应的词有36个。

나,저,오(吾),아(我),여(余),짐(朕),신,본인(本人),소인(小人),불초(不孝),둔마(钝马),졸자(拙者)……

母亲去世的话叫作哀子(애자),父母已逝叫作孤哀子(고애자),

大祥之后叫作心制人(심제인),三年服丧期间叫作罪人(죄인)。韩语中,"你"也有당신,그대,자기,이녁,어른,여(汝),여(女)等数不清的说法。

虽然称呼繁多,但是全是卑下或尊上的差别称呼,一个符合平等地位的都没有,这个事实值得注意。"나"是抬高自己、降低对方的等级称谓,"너"也一样;"저"和"당신"则是贬低自己的尊敬语……

因此,最近的年轻男女很渴望使用表示亲密的平等的称呼,出现了在指代自己时直呼自己的名字,指代第二人称则直接用"我亲爱的(자기)","you","Mr."等外来语的现象。

幻想式性解放

无论在哪个时代,性的问题都和体制社会的本质有着密切的联系。假设现在有个女人打定主意要堕胎,她认为堕胎是自己的个人问题,但是社会体制却并不这么认为。

如古代韩国一般用旧体制完全束缚女人的性和肉欲的民族再没有第二个了。因此,韩国女性常常描绘着体制以外性解放的理想国度。

若不为受到自虐式压抑的肉欲或性打开一个出口的话,这种压抑就会爆发。就像对皮球施加压力,压力会向其他方向扩散一样,自虐也是,压抑的力量会通过其他方式释放。这是为了维持自虐人生而产生的韩国式智慧。

咸镜道的女人们从北沃祖时期开始就一直幻想着一个海中女人国,那里有一口神井,在里面洗澡就会得到性的满足。此外,江原道海岸地区的女人们也假想大海中间有一座性爱自由的岛屿。

巴黎的妓女们想方设法打破体制,寻求性的解放,而韩国的女人们则是通过幻想脱离体制,寻求个体的逃脱。

再来看一个追求性自由的例子。韩国女人活着的时候受到压抑的性和肉欲,只有在死后才能得到解放。因此她们生前受到多少本性的压迫,死后变成冤鬼就会怀有多少的怨恨,以此来追求本性的满足。

实际上,韩国的巫俗或萨满教的构成要素中,性饥渴的冤鬼所占的比重更高。江原道地区在霍乱或伤寒流行时有砍下骡蹄挂在门外的风俗。因为他们认为霍乱和伤寒是性饥渴的冤鬼,她们会进入家里寻求性满足,所以干脆在门外挂上满足她们性欲的、护身的、象征性的东西。骡子的性能力比其体格还要强,因此用象征性器官的蹄来代替骡子。

全罗南道地区在流感蔓延时会于门口放一辆牛车,因为牛车的两个轮子和中间垂下来的细长部分就宛如性器官。

疟疾流行时在门前通道上放一口臼,患了疟疾就将臼磨碎然后吃下其粉末,有时也会将棒子用草绳缠绕挂起来。这都是为祛除生前性缺失的女人冤鬼而形成的习俗。

这种驱鬼辟邪的民俗扎根民间是十分有趣的。也就是说,对性和肉欲的自虐是有违人的本性的,当时的道德支配者完全了解其有多痛苦,因此害怕其死后这种痛苦化为怨恨报复。

统一新罗之后开始下降的性曲线在开化期呈稍微的上升趋势,这种趋势一直持续到今天。如今,性

不再被认为是羞耻和低贱的,而是人的本性。但是,这并不是说性危机曲线不会再次上升。

马尔库塞①曾预言一个性自由倾向影响到年轻人的时期,史学家们认为这一预言所说的正是现代社会的情形。然而,对性和肉欲的压抑虽然在逐渐淡化,千年来烙印在民族精神上的自虐式的生活习惯却并不是能够轻易消亡的。

---

① 马尔库塞(1898~1970),美籍德裔哲学家,法兰克福学派代表人物之一。

风水与男尊思想

韩国人笃信风水地理学，即相信祖坟若能顺应山水地势，就会对后代产生好的影响。所谓地理即是指山水，地理法就是结合地形寻得福地的方法，并由此祈愿谋得子孙香火延续、富贵荣华。对这种习俗的执着是韩国人子孙绵延不绝愿望的放大，也是男尊思想形成的重要原因。韩国人了解风水宝地也是从宗教的概念上来认识的。风水好的山脉叫作"龙脉"，风水法咒的源泉叫作"宗"；从宗开始乘龙脉所达的分界点山叫作"小祖"；再沿龙脉，与之相连的坟墓的正后山称为"父母"；此山呈下降势的斜坡为"胎"；坟正上部分为"孕"；坟所处之地为"育"。

也就是"太祖→宗→小祖→父母"的宗族概念下复合"胎→孕→育"的生育概念，这是以山水的气脉来比拟宗脉的繁荣。

坟墓周围的地形叫作"砂"，多个砂的复合形成风水"形"。形不同,后世所得福祉就不同。术书上记录着不同的形对应的福祉,这些福祉主要指的是子孙繁衍,其次则集中于子孙富贵上。比如:

金鸡抱卵形——鸡抱窝会生出数十只小鸡,此形对应子孙繁衍。

产狗形——狗一胎可以生很多幼崽,对应子孙繁衍。

梅花落地形——梅花散发的香气向四方扩散,对应子孙后代的声名远播。

像这样的风水宝地很稀罕,因此韩国有很多暗葬、偷葬的习俗,即将自己祖上的遗骨偷偷葬入已有主人的宝地之中,以盗用福祉荫庇子孙。新罗真平王时期名僧圆光大师的墓中发现了暗葬的儿尸,就是起因于"暗葬于有福之人的墓中会子孙不息"的习俗。

在《高丽史》①或《朝鲜王朝实录》②中也可以找到许多暗葬习俗。日统时期朝鲜总督府收集的调查材料中也编录了很多这种习俗。而在埋葬王孙胎盘的胎封暗葬的事例尤为常见。

1928年8月,李王职为修缮位于忠南礼山郡的显宗胎封山而挖掘其穴,却发现此墓遭盗,胎坛已失,但暗葬了一只头盖骨。很明显这种行为是出于相信葬先人骸骨于帝王的胎封山这块风水宝地,会庇佑后世子孙昌盛。开城附近分布的高丽王族和贵族墓地也因诸多暗葬而被废。当时人们相信这种暗葬可以使后世子孙如王公贵族般

---

① 《高丽史》共139卷,韩国朝鲜时期郑麟趾奉王命所撰,书成于李朝文宗元年。全书用汉文写成,是记载了高丽王朝历史的纪传体官史。

② 《朝鲜王朝实录》共1 893卷、888册、总共约6 400万字,记载了由朝鲜王朝始祖太祖到哲宗的25代472年(1392年~1863年)间历史事实的年月日顺编年体汉文记录,算是最古老且庞大的史书。

大富大贵。

不仅是埋葬在风水好、贵人的墓穴中才可以得到荫佑,葬在这种坟墓附近也可以得到这种风水所应的荫庇,因此在墓区偷葬的习俗也很普遍。由于不封坟而仅从外部看无法晓得,但是这种偷葬太猖獗,以致自高丽时期始就下发了禁葬法令。朝鲜初的法典《经国大典》中也规定了宗亲及一品官"方一百步",七品官以下"方四十步"的禁葬区域。

此外,还有相信"葬在文墓中后世生出的儿子就具备文才"的偷葬习俗,这也是被禁止的。首尔所有风水宝地都受到过侵害,因此首尔十里之内的入葬者都会受到处罚。韩国人对风水地理的执着起源于将本家先骨葬在宝地的祖先崇拜,到后来则演变成了祈求香火不息、子孙富贵的愿望,这是男尊思想根深蒂固的一种表现。

名耶？实耶？

西方文化至上主义者们认为，利用更加合理和科学的西方优势文化，可以改造处于相对劣势的传统文化，他们甚至学西方人从内面划火柴，也学喝汤时将汤碗向一方倾斜倒着喝的西式习俗。这是羡慕西方的"名"，盲目地否定韩国人所有的"实"。相反，国粹主义者们会夸大某个历史事实，过度称赞某个古代遗物，忽视了在这个越来越小的世界中所必需的比较性思考。国粹派拒绝接受外来文化的"实"。

执政党即使有条件接受在野党的意见或其推行的政策，但是碍于执政党的名号却拒绝这么做，在野党对执政党也是如此，这样的事情在韩国时有出现。

我们经常能听到的"名分外交"这个词，它是指只追求名分的蜜糖外交。我们常在议政台上喊"我们只要求有名分"，即使无法获得"实"，也不能错失了"名"，从这里可以看出韩国人对名分的莫大执着。若没有"名"，就算有"实"，对韩国人来说也是没有价值的，若想名实相符就会被攻击为"变质"或者"灰色"等负面代名词。

为得"孝"名切断手指或是割下大腿肉是损害"实"的行为;为获"礼"名,被冠婚丧祭弄得倾家荡产、家破人亡也是损害"实"的行为。这是韩国人名分观的一种表现。由此看来,执着于"名"则会与"实"相背离。这种名实相背是变相的名分,这种变相的名分作为韩国人的思考方式,已被固化了。

名实相符才能获得真正的"名",若"分"到了,即使不追求,"名"也会自动附上。"名"与"分"中任何一方都是不可或缺的,同质等量双方均衡时才是"名分"。假如"实"比"名"少则不是"实名"而是"虚名",而为狭虚名而过度求"分"的话则成了"虚分"。

虚名事例中年代最近的是后汉时期学者徐干的主张,他在《中论》中对虚名做了如下批判:

"孔子死后至今已经数百年了,而欺世盗名之徒横行于世。荀子亦言:'盗名不如盗货。'名,是跟随在实之后的,名立而实从之。而孔子所看重的,正是名实相符的'名'。

名系于实,就好像物系于时。物者,春也吐华,夏也布叶,秋也凋零,冬也成实,这是无为而自成的。如若强行为之,就会伤其本性。名也是如此,因此强求名者,反而会伤其名。"

像这样类此关于"名"、"实"的关系,宋朝与朱子同时代的张栻在《论语解》中也有分析。

求全之法

韩国病态的教育热正是求全责备的形式主义的一种表现。每个人的才能与智力都是有差别的,而社会也需要这种千差万别的才智。

在西方国家,即使是富豪洛克菲勒的儿子,也是按照自己的喜好来选择职业;而在韩国,不管家庭状况如何,都无条件地选择上学这条路。即使所从事的工作不需要硕士课程,也想要先考了再说,还有层出不穷的花钱买博士学位的事件,这些所体现的都是韩国人求全责备的完美主义倾向。不愿意得过且过,安守本分,总是想要追求更多,体验更多,对这种人生的追求让韩国人活得很累。

这种完美主义和完人主义使得韩国人过分追求外在而忽略内里,降低了产业分工和细化的效率性。

更严重的是企业所体现出的求全倾向。如果 A 公司只生产 A 产品,B 公司只生产 B 产品,C 公司只生产 C 产品,那么就不会因过度竞争而产生损失,整个社会就能够成为一个有机体,从而形成理想的企业氛围。

但是由于韩国人求全责备的意识结构,A 公司不满足于生产 A

产品，而是想要生产 A、B、C 一系列产品。也就是只有自己能够生产某一系列的所有产品了，才会满足。因此，可以说，韩国人一生都在为这种系列化而劳心劳力。

例如，西洋有一家名为 Huber 的吸尘器公司，有一家名为 Amana 的冷却器生产公司，还有一家名为 Freezyday 的冰箱生产公司，这些公司都只生产某一种产品。GE 和菲利普也是家电制造公司，但是我们从未听说过 GE 牌的电动刮胡刀或者菲利普牌的冷却器。即使都是生产电器的，他们也要进行细分，以达到产业化和专门化。

而韩国的电器生产商什么电器都生产，而且他们还不满足于此，还要涉足化学制品、塑料制品等，想要进军各种领域。因为不进行专门化生产，当然也就不会有突出的成果，产品也比不上国外产品，这些都是由韩国人的意识结构造成的必然结果。

如果两辆汽车擦碰导致车身瘪下去一块，韩国人不仅会认为汽车受损因而损害了自己的利益，同时，由于韩国人的求全意识，过分注重车的外在，也就是说韩国人会觉得车身坏了整个车就算是报废了，而这时愤怒会升级，最终事故双方会大打出手。

而美国人则一向认为车身早晚是会坏的，对车的外表并不是很在意，因此即使出现一些小的磕磕碰碰，他们也会一笑而过。

胡子再长也要吃饭,这才是两班①。但是,如果让韩国人在剪胡子和饿肚子中间两者选一的话,肯定会选饿肚子。因为在韩国人看来,形式比实质重要,外表比内容重要。

---

① 两班:古代高丽和朝鲜的贵族阶级。

长富的秘诀

兴宣大院君①的哥哥兴寅君李最应凭借自己的权势敛得大量财富,装满了从一号到九号的九个仓库。

他每天早上一起床就让看守仓库的库值打开仓门锁,吩咐下人将门拉开,逐一清点自己的宝物,并以此为乐。

有次7号仓库储存的生鸡肉、冻明太鱼腐烂了,仓库外面都是恶臭。库值向主人提议:"依小人拙见,选出情况稍微好点的分给亲戚和邻居,把坏了一半的给下人和捕厅桥下面的屠户,您看如何?"

听了这话,兴寅君说:"财产外流不就说明我不是安贫乐道了嘛,我才不干这种露富的蠢事!"于是就将变质的食物全都扔掉了。

当时长安有个叫郑可笑的艺人,常常往来于士大

---

① 兴宣大院君(1820~1898),韩国朝鲜时期政治家,也是高宗的生父。

夫家,专门用单口相声和肢体动作来讽刺时事,而兴寅君这个点仓的故事经他一说就变得尤为可笑。

年前我在印度新德里的一个饭店里遇到一个韩国企业家,他在那里谈一笔约300万美元的出口生意。这位年近六十的社长一点外语也不懂,一个人无法外出,饭都吃不到。虽然当时领事馆给他配备了一名随身翻译,但若翻译由于急事没能在吃饭时赶来,那么这位社长饿肚子也是常有的事。尽管他有足够的财力聘请一个秘书或是实务负责人,但受限于"贫"的消费哲学,这位富有的韩国人无意识中就变成了饿着肚子也要赚钱。

自古以来就有千亩地主富不过二代,万亩地主富不过三代的说法,这也是由于"富"消费的内向性。

西方人的外向型消费会把赚来的钱再回馈给社会。他们会设立奖学金财团、开展慈善事业、捐助医疗事业发展等,将消费扩大到全世界范围。他们反而对内向型的消费很吝啬,因此不会在第二代就衰败,所以财富也不会在第二代、第三代就被败光,而是会一直持续下去。

韩国延续时间最长的富者是庆州崔浚家族。十代进士,十代万石侯,最少也维持了三百年的万石家财,这在韩国可以算是一个例外了。虽然十万石侯,五万石侯数量很多,但勉强称上万石的崔氏家门以富户出名,是因为与一代、二代就衰败的富裕人家相比,他们可以长期维持富贵。

这是由于他们无论多有钱都不会忘乎所以,还会将盈余的财富返给佃农或是贫苦的人们;还因为他们有一条严苛的家法——不做高官,只当进士。也就是为预防高官潜藏的祸事,以及内向消费带来的衰败而进行的外向消费，使他们成了唯一的十代万石侯家族。

不仅如此，庆州永川广阔地域上生活的农民全都受过崔家的恩泽，因此崔氏民望很高、深受爱戴，这让他们即使想变穷却也无法如愿。

韩国人的秘密宝库

那是年前去肯尼亚野生动物园旅行的事情了。因为去的不是时候,所以只能和一对BBC制片人的美国夫妇搭乘探险车,进行了为期五天的旅行。

我们很快就变得熟络起来。在一个小村庄,我们一起吃了一顿每人五美元的自助午餐。像大部分韩国人一样,我连带他们的饭钱一共付了十五美元。这样做不是谁要求的,只是下意识的行为,付完以后也没想着要得到什么额外的报答。只是因为韩国人在潜意识中不在乎金钱,于是就自然而然地这么做了。

我们继续旅行,但是制片人夫妇饭前饭后的行为完全不一样。之前从不叫我一起喝咖啡,现在只要经过一个村子,就会刹车问我是要咖啡还是冰激凌,或者是要橙子还是椰子。

然后,在某次停车之后,他们突然不再请我吃东西了,之前的那种热情像是突然被刀切断了一般。我觉得非常奇怪,就大致算了下他们为我花的钱,差不多十美元左右。

我觉得很无语。怎么能计算得这么精准啊?他们那种急急地还清午饭的十美元然悠然自得的样子让我心里很不是滋味,全身就像虫子咬一般,感到一阵恶心。"人间"之意就是人与人,这是可以用金钱来衡量吗?但凡是韩国人,在想到这里的时候,一定会和我一样感到侮辱或背叛。

这正是西方精打细算的人际关系与韩国人不精计算的人际关系所形成的文化类型相互碰撞,因此产生了文化冲击。

有句话说:不计较一碗粥的妇人多福,连给乞丐的一瓢大麦都要计较的人福薄。不仅在金钱和财物方面,韩国人和西方人对于努力的经济学计算也有截然不同的态度。

仁祖时,北方局势突变,因此仁祖下达了要求紧急筑成南汉山城的命令文书。奉命在西南方筑城的官军在李溎[①]的精密筑城计划下计算出所需人力并根据规定赶工;东北方筑城的僧军则在碧岩大师[②]的精神力量和其人性化的关怀及无阶级的平等化参与下开始筑城。

李溎根据其精确计算的努力做着合理化的经营,碧岩用其非精算的努力进行着人性化的经营。结果在这场缩短工期的筑城竞赛中,僧军提前达成了目

[①] 李溎,高丽末期到朝鲜初期的文臣。1402年制作了《入道地图》,该地图为韩国最早的地图。

[②] 碧岩大师,朝鲜时代有名的僧将。

标，而李瀼则由于未能完成任务而被判死刑。

这就证明了精算的努力成果虽然明显，但以感性的人际关系为前提的非精算式的努力却会事半功倍。如果将这种劳动力非精算的倾向应用于现代的韩国企业经营，则会得到莫大的成功，这可以说是韩国人独有的经营宝库。

也有人说这种非精算性使韩国经历了贫穷，但这是将非精算性与非生产性混淆而产生的谬误。非生产性属于物质层面，而非精算性属于精神层面，两者完全不同。若好好经营开发，这种韩国人特有的精神文明将对逐渐变小的国际社会的物质文明做出很大的贡献。

德国妓女与韩国教授

给大家讲我的一个在德国波恩做教授的朋友经历的事情。

我的那位朋友有一个经常光顾的妓女,那是个国际妓女,经常接待的客人中有美国人、意大利人还有芬兰人。

有一天这个朋友接到了妓女打来的电话,说自己已经住院一个月,希望他能去探病。于是我的朋友就买了花前往探望,这是她入院一个月以来第一次有人去看她。

因为一个月没有接客,住院费也不够支付,妓女向朋友借办理出院的钱。她的那么多西方客人只是把她当作妓女才去找她、去接触她,为她的行妓行为买单。一旦她对他们不再行妓,两者之间的交易关系也就断绝了。然而韩国人和她却不只是交易关系,即不仅仅把她当成妓女,而是把她当作一个人进行非交易式的交往。因此韩国人不像西方人,交易关系结束所有人际关系也就宣告结束。

这个朋友准备了钱让她出院,然后过了很长一段时间就忘记了这个女人。因为给这个女人的钱既不是交易性的钱,也不是以放债为前提给的钱。

有一天,重操旧业的妓女打电话给朋友。朋友本以为她是打电话道谢的,却被她的话弄得不知所措。

"我以为可以用我的身体来偿还,你却是个要求用金钱来还的无情的恶人。"她指责道,"别的客人不知会怎么样,但是我知道你一定会来的。"说着说着还呜咽起来。这个妓女没有把在困难时受到的帮助看作是非交易性的人情。

因为在西方人看来,这是无法理解的事情。韩国人的非精算和西方人的精算相互碰撞而产生的文化冲击,由此可以看得一清二楚。

非精算性是韩国人之所以为韩国人的原因之一。这种非精算性的根源,在朝鲜王朝五百多年历史里统治人心的儒生思想中可以寻得。让自己和钱财划清界限,是成为儒生的第一要义。因为他们认为钱财是有伤儒生理想中三纲五常的最直接的事物。钱财是他们必须诅咒和远离的魔鬼,而精打细算、计较钱财也被看作是切断他们人与人之间人性接触的魔鬼行径。

韩国人为何喜欢"白得"的

"白得"这个词在英语里面没有确切的对应词。"白得"和贿赂(bribe)不一样,和礼物(gift)也不同,也不是感恩(gratitude),它是没有任何附加作用或负担的供与和接受。虽然英语中也有有 squeeze 这样的俗语,但这是附着有"作用"的"白得"。英语中没有这个词的对应词语,这可以看作是西方没有或极少出现这种状况的证据。

曾引起广泛关注的FBI局长克拉伦斯·M·凯利受贿事件中,导火索是其公寓使用了来源于FBI公营木工厂的窗帘木架。虽然窗帘木架不值多少钱,但由于是白得的,便在容不下"白得"的社会中掀起了轩然大波。

韩国人在礼物和贿赂之间介入了"白得"意识,因此礼物和贿赂的界限很难分得清楚。例如,在朝鲜王朝,根据挑选条件,清官(清白吏)分为如下三等。

一等清官绝不会染指国家所给俸禄以外的任何东西,若有剩余则放任不动,去世时只留一只狮子狗。

二等清官会收纳俸禄外名正言顺的东西,若有剩余则会收于家中。

三等清官对凡是有先例的,即使名不正言不顺也会收下,但会推拒没有先例者。

最终朝鲜王朝年间选出的110多名清官也是用美名之分和有例之表作为借口来享受"白得"的。

《兴夫传》中有一段悲惨的描述,兴夫想要代替有钱的罪人接受笞刑,以此来赚口粮,但是去到官府却发现要代人受刑也需先行贿才能被打,于是只能空手而返。

灵车出殡时唱的《香徒歌》中有一段必唱的内容,歌唱的是苦于无钱给看守地狱之门的守将行贿。

"到了黄泉辕门,牛头罗刹、马头罗刹一齐喊着要给人情钱。我一分人情钱也没有。烟袋都装不满的财产哪能用作人情钱。脱了衣服用作人情让我进入这十二扇大门,恐惧无止尽啊,战栗无止尽。"

在西方,若是熟人出书,作为一种礼仪,是要买他的书的。因此若出席出版庆祝会就一定要买了书去索要签名。

但是韩国人则无一例外地期待着作者赠书。不管版税多少,作者定会买下赠送本,若遇见没有被赠书的知己,则会有一种没有赠书的罪恶感。知己会说:"这种东西能值多少钱,都不送我一本?"当然,将得到的书当作难得的东西好好珍藏也是惯例。

韩国人意识结构中的饶头或白给,从好的方面来看,是相较于钱财更看重人情,而从坏的一面来看,则是不经过努力、不付出代价就想得到好处。

韩国人的这种意识之所以比西方人强,其原因可以归纳为以下几点。

第一,韩国人是定居在某地生活的农耕民族。过着非定居生活的畜牧文化圈的物物交换必须同时进行,即"给的同时必须得"式的生存方式,因为事后大家都会各自离开。然而在过着定居生活的农耕文化圈中给与取的交换没必要同时进行。春天给秋天取,去年给明年取,爷爷的债孙子来还都是可以的。也就是说,定居有较好的信用,交换的时间差不是很重要。

这种交换时间差是给或取时"白得意识"形成的重要原因。这种时间差在人情或是信用上可以作为突出的优点,但是也存在只取不给或是只给不取的认识成为痼疾的缺点。

第二,依仗于家世的门第意识的强化与"白得"意识有密切的关系。某户人家出了个官老爷,家里人有权有势的话就有责任和义务去接济其他贫困的家人,贫困的人依靠富有的家人就成了理所当然的事情。无心自己的个人生计,偷懒也能过活的长期经验使得"白得"在韩国人的意识中根深蒂固。

第三,韩国人不把自己当作独立个体,而倾向于依附别人，这种意识也起到了一定的作用。这种依赖的本性导致韩国人习惯于将自己和强者比而非和弱者比，形成了将自己看作是弱者的弱者意识。

韩国人的 10 年长于中国人的 100 年

伊斯坦布尔有种叫做"Ermer Pipe"的烟斗名产。这是由海底的蜉蝣生物石化后形成的,我们称之为"海泡石"。这种海泡石很像玫瑰花根,不会碳化,表面洁白且光滑,里面则布满了无数肉眼看不见的小孔。长时间使用后,小孔吸收尼古丁,会使烟斗通体渐渐被染成琥珀一样的绯红色。

这时的烟斗就不再是普通的烟斗了,而成了一件艺术品,行家叫它"熟透了的 Ermer Pipe",市价一万美元。要熟到这种程度,需要吸烟四百年。听到这我不禁吓了一跳,但是嘴巴都合不拢的我反而被当作怪人看待。原来这家饭店的守卫大爷就有个四百年的烟斗,食堂师傅有个三百年的烟斗。

祖孙十代,代代相传才能成就这种烟斗之美,这种通过烟斗体现出来的时间的富足让我感到很惊奇。

在伊斯坦布尔的市场上也能感受到这种土耳其人的时间感。我在市场上转悠,突然看到一件古色古香的家具。好奇心驱使我试图打开那抽屉,它却由于气候原因被卡得很紧,怎么也打不开。

"现在是冬天,是打不开的。夏天到来之前别想打开啦,所以重要的物品放在里面正好,万无一失啊。"

这是他们的生活智慧。这是一个奇特的国度,他们甚至对抽屉都赋予了不急不躁、时间充裕的悠闲之感。

当欧洲人开始在扬子江边筑堤拓路建造银行时,中国人在如何对待这种侵犯主权和国体的行为的问题上不置一词,只听之任之。这不是因为国家弱小,也不是因为缺乏国家意识,而是因为他们下意识认定在他们的土地上建造的东西就会留在他们的土地上,这也是因为他们有充裕的时间忍耐一切。

庄子曾说过,若要防小偷,就把锁牢牢锁住;若要抓住小偷,则要打开锁。放任日本占领、开发台湾和东北就是开着锁抓小偷的行为。这种悠然之感只可能形成于他们不慌不忙的时间概念之中。

就如俗语中所说的"普鲁士的十年是罗马的百年"那样,罗马人悠游自在地掌握着时间。英国俗语中有句话叫作"像印度人见到童年玩伴一样",意思就是四五十年没见的人也像四五天前才刚刚见过面一般互相很淡然,这体现出了由时间的充裕而产生的生活习俗。

再没有比问中亚游牧民年龄更蠢的事情了。被问起年纪时,他们大概都会回答"活了二三十年了吧……","好像有四五十岁了",就像在说别人的年龄一样。对他们来说年龄并不重要,没有背下来的必要,这正是对时间等闲视之。

土耳其、中国、罗马、印度,这些国家不管是从文明史还是从地政学角度来看都曾认为自己是世界中心,是中央意识强烈的国家。对他们的历史都不可以等闲视之,在那里千百年前的事物仍然原封不动地保存着,而时间也被定格在这种留存之中。

与其相比,韩国不论是从地政学还是文明史方面来看都属于"岔路文化圈"。因此时间无法定着,陷入了过度意识的泥淖中。充满这种过度的历史使时间意识被切成一寸一寸且非常短暂急促。在这般短促的时间内生存就总要忙忙碌碌、匆匆忙忙,因而培养出了不考虑将来和以后的"一次性意识"。

因此,韩国人的10年就必然长于中国人和印度人的100年。

贤者须愈愚

金驲孙①写过一段著名的"痴辩",揭示了愚笨是韩国人价值观的重要组成部分。

"世人慧于辞,子独痴其言,发而触忌。世人便于貌,子独痴其动止,使人生憎。世人巧于进取,得一资而患失之。子以校理清班,自贬为僻县之监,此则痴于仕也。

世人捷于应务,临民则先名,奉上则先誉。子独颓然坐啸斋阁,击豪猾、抚鳏寡为心,而拙于催科,此则痴于政也……"

当权子汎②说自己想要尽心糊涂处世、愚此一生时,金驲孙反驳说刻意的愚并不是真正的愚,因此费心愚活并不能愚此一生。

"吾厌世之巧,而欲守吾之痴。若子之言,未至于大中,而恐吾之痴驳矣。"权子汎做出为难的表情。金驲孙叹道:"子诚痴矣。"权子汎觉得这套痴的理论太难懂,就靠在栏杆上睡着了。

---

① 金驲孙(1464~1498),朝鲜时代初期的学者、文臣。
② 权子汎(?~1498),名为景裕,燕山君时任堤川县监。金驲孙的至亲好友。

为了在等级社会不被疏远并且生存下去,即使不愚笨也要装作愚笨并自我贬低,这种复杂的愚的辩证法是韩国人悲哀的生存方式,也是必需的生存方式。

韩国人以学识、身份、财产为标准的三角尺度,渴求进入任何一个尺度等级。而降低自己所处的等级并贬低自己的行为在现代社会也一如既往地受到推崇和尊敬,而妄自尊大的话是会被排挤的。

在大学或是职场中聪明能干、博学多才的人,或者是去外地后功成名就、荣归故里的社区成员,这些人大都不会被接受,而是会受到敌视或排挤。这些都是因为未能敛去光芒,而使集团中的其他成员产生了反感。因"吃好、穿好、活好"而产生的罪恶感也是源自这种对经济的、财产的卑下意识的反抗。

衣食住尽量低调,将箪食瓢羹视为美德,这也是因为受卑下意识的影响。韩国人避开旁人进食、生活的习惯是因为担心吃不饱穿不暖很丢面子,而又觉得吃得好过得好更令人尴尬。因此一边谋求生计,一边战战兢兢地在意着旁人的眼光,甚至隐约背上了负罪感,世界上这样的民族恐怕也只有韩民族了。

如此这般,韩国人像蚌一样将自己的意识想法蔽于旁人。李朝末期来韩的传教士盖尔说,他遇到的每个人都会问他传教士和县监哪个官比较大,是不是也住瓦房等问题,他对这种没完没了的等级制眼光很是无奈。

他说:"每当有人这么问我的时候,他若是小吏,我就会说比小吏低;若是官奴,就说比官奴低;问我的人要是住茅草房,我就必须说自己连茅草屋也住不起,这样才能和他们亲近起来。"

就像若有认识的人被提拔到助理长官或是助理这样的职能性官位,大多数人都会问这是几品官一样,要是不了解其等级就会觉得不舒服,韩国人的这种意识古往今来分毫未变。盖尔可以算得上是很了解韩国人的自我卑下意识的人了。

这样的卑下意识可以说是在通过天→帝→王→父传承的权威者面前自我贬低的敬天思想的副产品;也可以说是受极力压缩个人欲望而推崇规范和人伦的道学的影响;而从三国时代开始支配韩国人的士大夫思想也可以看成是这众多原因中的一种。

尊中国为中原,称自己为"东方",或者把自己称为"东夷",即东方的少数民族,这都是源自自我卑下意识。而今天我们感觉自己的文明劣于西方文明,这在很大程度上也是受这种卑下意识的影响。

爷爷的自虐式教育法

实在不明白小时候怎么那么喜欢在南瓜上钉橛子。拿着丢弃在仓库里的破镰刀跑到林子里面,做二十几个三角形的橛子,装在口袋里。然后到人迹罕至的路边,翻墙找到挂着的南瓜或是葫芦,往上面钉橛子。一有动静就看着天吹着口哨装蒜,那种满心害怕的感觉现在想想还觉得心有余悸。精神病专家将这种讨人嫌的淘气看作是性症的一种表现,而那时我是全然不知晓这些的。

然而有一天,我的这种"性症"又发作了,而且被爷爷逮了个正着。接下来发生的事情对我产生了很大的冲击,使我一生难忘。爷爷没有打我屁股,也没有责骂我,而是把我关在存放土豆的土房子里,然后锁上了门。

做晚饭的袅袅炊烟从门缝里漏进来,我估计外面已经黑漆漆一片了。这时,爷爷打开了门。爷爷还是什么也不说,只跟我说了句"走吧",我还没来得及问去哪里就被推到前面出发了。我们经过了没有身子只有头的无眼鬼住的公共厕所,穿过垫脚石桥,往山那边走去。我们路过几片旱地和桑田,又经过了灵堂。

爷爷一句话也不说。我听到有奇怪的野兽声音,还看到灵堂里有隐约闪烁的火光。仅是这样的错觉就使我两腿发软一屁股坐在地上了,爷爷用脚抬我的屁股让我站起来。"爷爷……"我磨搓着双手求爷爷饶恕,但结果却只能无可奈何地继续向松林深处走去。我们到了据说狼会藏在红土下,就是大白天也不敢走的那条弯弯曲曲的路,我再次两腿僵硬动弹不得。但是爷爷一再催促,我也只能硬着头皮迈开步子继续走,一边走,一边回头看,感觉狼正尾随我们而来……不知走了多远,爷爷来到一个坟头前,叫我停在那里。我仔细一想,那好像是曾祖父的坟。

爷爷叫我别动,自己消失在树丛深处。爷爷不在,这深山里的恐怖气氛比无眼鬼、灵堂或者是狼还要吓人。我一想到爷爷可能把我丢在这里自己走了,就产生了一种错觉,仿佛跟在我身后的无眼鬼和狼把我包围了起来,正围着我转圈。

眼泪马上就要掉下来的当儿,爷爷扒开树丛出现了。擦干眼泪一看,爷爷手里拿着四五根粗树枝。他把树枝放在我旁边,"扑通"一声跪在了坟前。

"父亲,不孝子的孙子总是染指别人的财产,现于父亲面前接受惩罚,还请原谅。"

爷爷直起身子,在香案前卷起自己的裤腿。然后才开口吩咐哆哆嗦嗦的我,叫我拿树枝抽打他的小腿。

"不行……爷爷。"

"在祖先面前怎么能说不行？你不用力打咱们就不能回家。"

恐惧万分的我拿起树枝对着爷爷的小腿抽打。我手上一点力气也没用，爷爷一下子夺过树枝，对着我的小腿毫不留情地抽打了几下，然后叫我像那样打他。我稍稍用力了些，爷爷又叫我更用力点，又在我的小腿上做了示范，我的力道才渐渐强了起来。树枝竟然被我打断了，然后第二根、第三根都断了。打着打着我感觉到脸上有湿湿的东西，于是停了下来——那是爷爷腿上溅出的血。

爷爷又一次跪在坟前，哭诉着什么，我恍恍惚惚的一点也听不清。

然后，爷爷领着我下了山。其间爷爷照旧一句话也没有说，直到去世也再没提过这件事。当然，在经历了给我冲击这么大的事情之后，我再也没有做过坏事。

爷爷要把自己的小腿一直打到出血是极度的自虐行为，而代替孙子接受惩罚以提高教育效果的自虐行为正是韩国人所推崇的价值观。

那么韩国人怎么会形成这种自虐式教育方法的呢？该挨打的应该是在南瓜上钉橛子的孙子，但是本来要施惩的爷爷反而被打，要理解这种现象就必须先理解爷爷和孙子的一体意识。要是没有"孙子挨打就相当于爷爷挨打"的一体意识，就不可能产生这种自虐式的惩罚。

劳体肤方能成孝道

韩国人的孝行习俗在人死后比生前更为重要。在韩国的习俗中，若父母过世，则要在坟边搭建一座为墓遮风避雨的草房，守孝三年。

此间必须辞去官职，不可以随心所欲地吃穿，也不可以干农活，就算家里失火了也不能跑回去。父母的坟墓比家产更加重要。即便不像这样守墓三年，也要在这三年中每天都来省墓。

不仅要三年守墓或是省墓，四年居丧也伴随着各种苦行。三年间只能喝白粥，或者不能吃盐和酱，肉、酒、烟要一律回避等饮食禁忌也表达着孝心。此外，居丧中若怀孕生子，则是家门无法洗去的耻辱，因此而逼得妻子自杀的无情事件也时有发生。

根据《孝经》的教诲，守孝中人被称为"居丧罪人"，要穿着麻衣或破烂的衣服，三年不宽衣解带，蓬头垢面，连天都不可以抬头看，必须戴着镶有世界上最大最宽的箍的丧笠生活。

名孝子周世鹏参判从母亲生前久病时开始就不梳头，服丧期间更是一次也没梳过头。病中的母亲头上生了虱子，他就把头凑过去，将虱子引到自己的头上来,在侍病和服丧期间一直强忍着瘙痒。

孝子李应址在《明伦录》①写道,服丧期间不梳头,因此虫子经常在发间筑巢生活。某日,堂兄要给他梳头,他却说:"晚上做梦梦见先亲来用手指给我的头挠痒,于是虱子都死了,一点都不痒了。"

在进行封闭苦行式孝行的同时,还要回避生产活动。服丧中不参加任何生产活动,把生活清苦当作是美德,因而服丧三年后富户家道中落是常有的事,因此也就有了在丧前就准备好丧中所需食物的习俗。

此外,在不同的家族中,会传承有不同特色的服丧习俗。例如,江华的全州李氏家门,在服丧六年期间家族男性都要睡硬木枕。忠州附近的平山申氏服丧期间不吃鱼,这是因为相传名将申砬在弹琴台殉节之后,其身体成了鱼食,这种习俗就作为传统在家族中代代相传了。

李澹②的后裔李天赉的母亲是被火烧死的,于是他在服丧期间不仅不烧炕,连火炉、火具、烟斗、火石等都不靠近。这种避讳火具的行为就作为家族丧风流传了下来。

还有居丧中装作盲人的家风。全州李氏的李忠绰监察为父母服丧时哭得太多以至于双目失明,却仍

---

① 记录先人德行与善行的书籍,著于1898年。此故事为典故"蚤蚊孝道"。
② 李澹(1345~1405),高丽末期至朝鲜时代初期的文臣。

然每天拄着拐杖去很远的地方省墓,一天也没有中断。王上对他的孝行大加赞赏,封为承旨,但他却以朝廷不可以有瞎承旨为由拒不赴任。因此王上就下了一道如下谕旨,驳斥了他推辞的理由。

"大臣不喜欢那只看不见的眼睛,我却偏偏喜欢那只看不见的。看不见的眼睛比看得见的眼睛不知道好多少。而且,政治不是用眼睛做的,而是用心来做的。"

此后,这位盲人承旨以贤达闻名,官至忠清道观察使,成为从古至今唯一一位盲人承旨。为了颂扬其名,他的后嗣会在服丧的某段时间里扮作盲人,这种习俗在家族中代代流传。

这种根深蒂固的孝习有两大弊端:使得韩国人生活贫困,并且要求他们进行不人道的苦行;与家族的名誉及兵役、劳役、租税的免除等经济利益相冲突,造成勉强而成的孝子。然而我们也必须看到其作为韩国社会构造和价值体系的基本秩序支撑着韩国,并有着刻画韩国个性方面的潜力。

3

拒绝平等的社会

藏在名字中的男尊思想

古时候的韩国女人只有供别人识别她们的乳名,而成年嫁人之后就连这乳名也丧失了,一生都过着无名的生活。对女人来说,结婚无异于对丈夫在人权、社会以及法律上的自杀式依附,所以婚后不能拥有体现独立地位的姓名。

奶名,或称为小字、小名的乳名,一般是出生后四天或七天时取的,若是男性会使用到冠礼,女性则会跟随其一生,而女性的乳名是研究男尊女卑思想尤为理想的资料。

当生出的不是殷殷盼望的儿子而是女儿的时候,女孩儿的乳名里就会直白地体现出失望之情或是求子之愿。

下面是一些取名字表达失望之情的例子。

※ 섭운、서운、서분

——是由动词"서운하다"的发音演变而来的固有名词,意为"不是滋味"。

※섭섭(攝攝)、섭섭(涉涉)

——仍然是"섭섭하다(不是滋味,遗憾)"的原意。

※절통(绝痛)、분통(愤痛)、통분(痛愤)

——取名字表达因生了女儿极度痛心、愤恨的感情。

※유감(遗憾)、유감녀

——依然是表明生出女儿很遗憾的意思。

※필년(畢年)、필순、필녀、말랑(末郞)、말이、말순、고만이、딸고만이、막음이、마금

——表明希望女儿到此为止,下次会生儿子,将有结束、终止意思的"필(畢)"、"말(末)"、"마감(磨勘)"、"고만"等词汇融合在名字里面

※기남(基男)、후남、희남

——虽然这次生的是女孩,希望下次能生男孩,将生女儿作为生儿子的前提和基石,因而取名为기남(基男);希望下次生儿子因而取为후남(后男);表达希望生儿子的희남(希男)等。

※가망(可望)、망생、망상

——仍旧是求子的名字。将与男孩的通用乳名"놈아"发音相似的"노마"(鲁马)作为女儿名字的习俗也是源自对儿子的殷切渴望。

※고대、빌손、인제두、걸마、확실이

——고대是对儿子"고대하다"(苦苦期盼)的意思;빌손是"빌다"(求)"손"(孙)的意思;인제두与"인제도"的发音相似,是表示"上天保佑下次别再是女儿了"意思的乳名;걸마是自我安慰下次不会再是女儿的乳名;

확실이也是表示下次"확실이"(肯定)要生儿子的坚定愿望。

如这般殷切渴望,最终若果真生了儿子,儿子的乳名就会包含着喜悦和满足的感情,如상쾌(畅快)、신통(神通)、신기(神奇)、해원(解愿)等。

还有,如果希望生儿子却一开始生了女儿,则第一个女儿就取个自我安慰的乳名叫"일가(一可)";第二个还是女儿则抱着可能下个是儿子的期待,取名"이혹(二或)";第三个还是女儿的话就气死了,取个自嘲式的乳名"삼소(三笑)";第四个仍然是女儿的话就会觉得很没面子,名字就叫"사치(四耻)"。这样的例子数不胜数。

像上文中那样表达期盼生子的意思的名字在名字里的比重,就恰好等同于男尊思想的比重。

男尊思想在实际生活中的表现,除上文所说的方面,还可以从日常生活习惯,从与男尊习俗相应的女卑习俗,从附属于男性必然带来的对女性的社会地位及人权方面的损害,从不孕时女性必须承受的借腹生子、借夫生子、纳妾、离婚等制度中也能得到很好的了解。这种民俗从李朝初期就开始形成,并凭借朱子理学的价值观得到强化,自开化期以来对这种价值观持怀疑和抵制态度的小部分知识分子对其视而不见,而这种风俗也随着近代化程度的加深和庶民层的边缘化而逐渐弱化。

不过受遗留的旧习和仍未消失殆尽的门户意识、子嗣意识等的影响,这种弱化的祈子习俗仍然在民众间延续着命脉。

韩国的局外人和名分

　　李朝末期暗杀金玉均①的风云人物洪钟宇②是韩国社会体系中的一个异端者和局外人。他出身南阳名门洪氏家族,亡父曾任孝昌园陵奉事。他生来就拥有家族所带来的名声和身份。虽然家境不是很好,却也住在两班贵族生活的北部泥洞地区。

　　但是洪钟宇穷得叮当响,连养家糊口都很困难。比他年长4岁的妻子杨氏的娘家也是两班,岳父曾历任安城郡守。但是岳父死后妻子的娘家仅剩继母和同父异母的弟弟,因此渐渐就断绝了往来,也得不到娘家的经济资助。洪钟宇既没有科举及第的才能,也没有买官的钱财。虽然做些低贱的营生也能养活家人,但由于背负着两班家族的名号,连那样的事情都做不了。

---

① 金玉均(1851～1894),韩国朝鲜末期政治家,是主张近代改革的开化派领袖。
② 洪钟宇(1850～1913),韩国朝鲜末期政治人物,刺杀金玉均的刺客。

洪钟宇在这种逆境中养成了激进勇敢的性格,他决心摆脱这名声的枷锁以谋求生存。这在把名看得比生命还重的韩国人眼里无疑是一个另类而大胆的决定。

他把名号以 300 两的价格卖给了钟路做棉布生意的平民富商,把族谱和放在皮兜里证明两班身份的户牌卖了出去,户牌上刻着亡父的地址、姓名以及孝昌园奉事的官职。

平民富商花了 300 两虽然没买到什么东西,不过倒是包括洪钟宇的房子在内的。当时居住地域也有等级差别,按惯例买卖两班身份是包括其住所在内的。住所是依附于"名"的。

当时黄牛 30 两一头,300 两也不算个小数目了。但是洪钟宇看中的不是钱而是脱离两班名号的枷锁。从名号的监狱里解放出来的他,在平民住的南大门外用 30 两买了所一室一厨的房子,并从此开始做起了贱民才做的水贩生意。

洪钟宇每天一大早就去南山用陶罐取清凉的山清水,然后拿到城里卖。妻子杨氏在卖了名号之后也开始在钟路市井上做香袋刺绣的活儿赚钱。用近代化的思维来看,洪钟宇的行为也许可以算是有先见之明,但是以当时的眼光来看这意味着一场人性的风波。

把族谱、家族名誉和父亲的户牌卖掉是有辱名声的行为,这么做就使他对社会的价值,对家族的价值以及作为一个人的价值都受到了根本的挑战。

类似这样反抗当时体制的行为使他如坐针毡。由于无法忍受当时环境,他去了日本,后来又游历各国,甚至到了巴黎。为了补偿自己的反体制行为并且适应体制,他想要功成名就,因此成为了暗杀金玉均的刺客。

局外人洪钟宇的一生可以说是韩国抛弃名号之人典型的悲剧之路。而且，他的一生也证明了即使是再无用的虚名，抛弃它也要付出巨大的代价。

韩国的局外人即是从这种名分脱离的过程中产生的。而与此相反的，追求虚名的社会风气则可以看作是从韩国人强烈名分观中派生出的副作用。

全都不过如此，无非如此

无论是人在异乡拥抱木柱的行为，或是松开母亲的手转身时的那种断肠的哀愁，都是产生于依存者的离愁别绪。北起涂满江碧绿的河水，南至木浦汩汩流淌的清泪，韩国所有哀愁无一例外全是与分离有关的哀愁。

韩国人这种依存式的自我定位，在每一个层面上都表现出拒绝分离的倾向。

正如曾一度流行的一首歌中唱到的那样："全都不过如此，无非如此啊"，这句歌词同韩国人有着不可言状的契合，这与拒绝分离的意识有着密切的关系。

像母亲和儿子、甲石儿和甲顺儿[①]、师傅和徒弟这样人与人之间依存的实例有很多，而依附于故乡、集体或职场等的情况也很多。例如，不再采桑而去了首尔的顺儿脱离了一起采桑的姑娘这一群体，而她们对脱离了这个群体的顺儿是抱有怨念的。因此当顺儿穿着尖尖

---

① 韩国有名的民谣，讲述了甲石儿和甲顺儿两小无猜的青涩爱情。

的皮鞋回来时,曾经的群体当然不可能再接纳她。

"让抛弃我离开我的人都生病吧",这种想法体现了在韩国人的意识结构中,很容易对脱离依存体的行为产生怨念。枝高不招风,枪打出头鸟,韩国人的立身处世也强调不脱离依存体、归附于依存体就会有所得。

"跳蚤一跃不过咫尺","孙悟空再飞也逃不出佛祖的手掌心","半斤八两、彼此彼此"。韩国人不愿赋予脱离同类集团的行为以价值的意识结构必然会造成这样的想法。

似"不出所料"、"无非如此"这般很难翻译成外语的韩国话,是对伴随着分离的不幸的再次确认,是当弃之而去的人生病时留守之人喊出的"岂不快哉"。

俗话说"婆婆找不到媳妇的茬,就会摸孙子的脸蛋去找茬",因为有传言说孩子的脸如果很凉就不会老实吃奶。也就是说,脸蛋和母亲的乳房要维持相同温度才是理想的。

"韩国妇女都是魔术师。是头上顶着水罐,一只手托着背上的孩子,另一只手怀抱着另一个孩子还能慢悠悠地走路的魔术师。"就像埃米尔·马特尔①说的这样,韩国女人总是和孩子维持着相同温度,睡觉时用胳膊当枕头让孩子的脸颊贴着乳房。

---

① 1894年,21岁的埃米尔·马特尔来到首尔,任当时法语学校的校长。

韩国人在嗅觉发育最早期闻到的味道都是相同的,即母亲上衣角发出的奶腥味,这是韩国人共同的香水。因此韩国小孩即使只是体温比妈妈的稍稍低一点,也会觉得脱离了母体因而惊吓啼哭。

英国小孩在摇篮里长大后马上就被送到寄宿学校,继续独立地成长。而他们向最基本的依存体——母亲撒娇的依赖期被彻底切断。而与此相反,从妈妈衣角的奶腥味,到腰上绑的七星板,韩国人的生命中充满了撒娇和邀宠,过着依存式的一生。

全罗道有这么句话,"到了有异性概念的年龄就会讨厌同龄朋友"。这是依存体由朋友转为异性的过程,并最终通过婚姻形成夫妇依存体。

在有了孩子并通过娇宠结成的父子依存体系中,若孩子长大向朋友靠近了,则转为对妾的依存。在无法容纳妾的社会里白发绅士就产生了少女情结。如此在有了孙子之后,就形成了祖孙依存体系。若由于某种缺陷未能形成这种体系而产生了空白的话,就会转而探索以信仰为媒介的依存体。死时也要与先祖结成依存体系的坚定祖上观,或是要求葬在祖坟旁边的强烈愿望,世上再无任一民族出韩国之右,这也是由依存式的意识结构所致。

这种依存式的人际关系是融合了法律、道德、礼仪、逻辑和理性的关系,同时也是容纳了不法、非礼、不道德、不合理与非理性的关系。

韩国人的公共精神和独立精神薄弱,合理主义或法制主义也薄弱,这是由于这种依存式的意识构造,而韩国的感情,恨或怨的感情、自卑或自虐、对尊长的谦逊、即使老了也不会消失的撒娇等韩国人的属性,也是从心理上拒绝与依存体分离的意识结构的产物。

文人不能大腹便便、个子矮小

圃隐郑梦周①生前其志向节操、学问德行就声名远扬。然而有个人对他提出了这样的问题：

"先生您知道自己有三大过失吗？"

一过为喝酒时总是最先端起酒杯最后一个放下，太沉溺于酒杯。对此圃隐承认说"年少时若得到一瓶珍贵的酒就会和亲朋好友一起把酒言欢，确有此事"。

二过为世人传其过不了美人关。对此圃隐也承认说："好色乃人之常情，孔子不是也说过要好德如好色吗？"

三过为世人传其刻意购买收集中国物品。圃隐说："我子女众多，婚礼上用中国物品是时下风俗，为什么就我不可以呢？"（《笔苑杂记》②第一卷）

---

① 郑梦周(1337～1392)，韩国高丽王朝政治家、外交家、哲学家、文学家，被誉为韩国理学之祖。

② 由韩国朝鲜初期学者徐居正(1420～1488)所著随笔集，共2卷1册。

这"三过"并不能算是什么过失,只是因为人们将圃隐看成不平凡的圣人,所以就把这些看成是过失了。也就是说,为了高远的志节、高深的学德这种人性中的一部分品质,要牺牲完整的人性。

"圃隐三过"作为不能因学德而丧失人性、不顾做人的条件而生活的典型事例,经常被古代儒生所引用。

如果问黄豆花和红豆花各是什么颜色的话,大部分人都会回答说黄豆花黄、红豆花红,这是受到它们果实的颜色的误导而得出的结论。其实,事实正好相反。

成宗时的成俔①说过:"若问人们黄鸟尾巴是什么颜色,所有人都会回答是黑色。这只是因为黄鸟的两只翅膀把尾巴覆盖起来才会造成尾巴是黑色的假象,其实它是白色的。"这段话指出了将某个人或是某件事的一部分扩大,当作整体来看待是错误的。虽然这样的逻辑理论在西方也不是完全没有,但是在韩国却特别多。

例如,要是想象一个文人的相貌,韩国人无一例外脑子里会浮现出一个高个子,脸色像染了肺病一般苍白的形象来。如果是个大肚子胖子,个子还很矮,或者脸黑不溜秋的人的话,就会觉得和自己的想象背道而驰,不禁惊讶地喃喃:"这种人怎么会……"

当然,西方也有"白面书生"的说法,但此白绝非韩国人所说之白,而是指肉体之力与精神之力两位一体的理想状态下,精神脱逸而形成的不平衡中的不安与对其的诅咒。不仅如此,韩国人认为运动员兼优等生是非常稀罕的,因为"如果学生时代很活跃,学习成绩就一定好不到哪里去"的偏见很早就占领了他们的大脑。

---

① 成俔(1439～1504),韩国朝鲜时期代表官僚文人。

引领世界流行趋势的巴黎时装仅仅局限于女装，韩国人却认为巴黎男装也是世界一流的，而西方俗语中的"巴黎男装"则是"最寒碜"的意思。

　认为婆媳间不和是落后的韩国的陋习也是如此。美国或是加拿大以及欧洲各国不是落后国家，因此就断定他们不存在婆媳矛盾。但其实那些国家的婆媳矛盾的严重性是绝不亚于韩国的。像这样将部分当作整体来把握的韩国人思考方式在各个方面都束缚着韩国人的行动。

没有公平竞争的社会

美国芝加哥农产品加工公司规模不怎么大,却跻身于美国50强企业名单中。它之所以声名远播,是因为它的经营模式而不是规模。这家公司的经营理念很简单,即彻底保障全体员工的公平竞争。公平竞争是美国人意识中最核心的部分,通过对其有效利用和开发,该公司悟得了经营的奥妙。

公平竞争是基于从同一公平起跑线出发的思想,或说是规避不利因素的思想。

美国社会是从原则上排除一切特权的社会。特别是对于生而得来的特权身份,越特殊越被彻底地排斥。美国建国之初,富兰克林在《移居美国须知》中就作了如下强调:

"我们不鼓励以门第自傲的人移民至此。那些在欧洲受到礼遇和尊重的名门世家,若来到美国后仍以此自居,则必然会受挫。在美国,当问及一个人的相关情况时,不会问其身份为何,而会问其能力为何。若身怀特技则会受到欢迎,而依靠一技之长取得成功才能受到周围人的尊敬。"

这在任何方面都不允许不平等的存在。当然,凭借后天的勤劳、努力和运气,有些人会比其他人更加成功,而那时成功的人和不成功的人之间就会产生很明显的差异。但是美国人并不承认这种差异从一开始就已经存在。在起点处每个人的条件是完全相同的,之后因个人努力程度不同才产生了差异,这对美国人来说是基本信条之一。

也就是说,从同一起跑线出发,有能力的人会赢,能力不足的人则会输。他们将这种公平竞争也应用到了经营当中。

与此相比,韩国社会的竞争则毫无公平可言。我们可以认为,韩国的社会恰是由一贯的不公构建而成的。因为不公,竞争原则就不存在或难以存在。出生在有权者家就能获得权力的眷顾,出生在富贵人家就会获得富人的特权。

在韩国,人们从起点开始就已经有了明显的差别。虽然看起来是站在同一起点上的,出发之后无钱无背景的参赛者竭尽全力徒步奔跑,而有的人却是骑着自行车的,有的人是开着车的,更有甚者是乘着飞机的。他们任意借助有利的前进条件,因此很多情况下从起点开始就已经知道最终到达终点的顺序了。竞争原则与这样的社会构造是互相矛盾的,公平竞争无异于空谈。

然而在美国社会,若遵循公平竞争原则并持续努力,就一定会取得成功。这虽是相对而言但却是必然的目标。因此对美国人来说,成功这个词拥有无尽的魅力,关于成功的纪实文学也成了美国文学体裁的一种。

比如无名少女成为耀眼明星的故事,小学没毕业的少年成了大实业家的故事等,无论是在大众杂志还是专业杂志上都是必不可少的内容。在评价这些成功人士时,他们遇到的不利条件或因素越糟糕,个人的价值就越被扩大化。

林肯出生于伊利诺伊州一个贫困的农民家庭;富兰克林也成长在一个难以供他顺利就读正规学校的平凡家庭。细数美国历任总统,我们会发现他们中许多人都出身于普通甚或是贫困家庭,约翰逊刚开始也不过是德克萨斯的一名教师。像肯尼迪这样出身优越的总统反而是例外。像林肯的木屋传说那样的例子才符合美国总统的形象。

不仅是政治人物,汽车大王福特也是机械工出身,卡耐基同样如此。漫画大王迪士尼与来往于寒冷的阁楼里的老鼠们做朋友,并以它们为原型进行创作,他将贫苦的青春记忆以米奇老鼠的模样呈现在世人面前的故事家喻户晓。

类似事例多如繁星,从理论上、信念上来说,所有美国少年将来都有可能成为总统候选人或是大实业家,美国文化对此给予了认可。相反,韩国人无法保证公平竞争,因此形成了无休无止地追求特权或更多惠泽的意识构造。

生子梦的实例

在男尊思想完全形成之前,韩国就已经有胎梦习俗了。随着父系社会开始,男尊思想的形成,胎梦也成了预言生儿子或尊贵之人的梦谶或梦兆。古代文献中记载的胎梦大部分也都是关于孕育伟人或王、王子等尊贵之人的。

将从文献中提炼出的资料进行分类的话,胎梦的种类主要分为日、月、星辰等天体类,天人、天女、高僧等神人类以及金印、珠宝等珍宝类这三个种类。

新罗宪康王①十年(884年)建造的宝林寺普熙禅师彰圣塔碑文上记载,禅师的母亲怀孕时做了日晕从天而降进入自己的肚子里的梦。还有朝鲜时代名僧鞭羊堂大师降生前,其母亲也做了怀抱日月的胎梦。

星辰胎梦也始于新罗时期。元晓大师②出生前,

---

① 宪康王(？～886),新罗第49代王。
② 元晓大师(617～686),新罗有名的僧人。

其母亲做了流星坠入怀中的胎梦。高丽时期的金文鼎公的母亲高氏也做了明星入怀的胎梦。

日统时期收集的资料也例证了,在韩国类似这种日月星辰的胎梦,习惯性地被当作预言生出儿子或尊贵之人的梦。据材料记载,看见日晕、怀拥明日、吞下日月或是日月合体的胎梦都是预示生子的梦。

最早的神人胎梦记载的是新罗真圣王①三年(889年)即慧和尚②之母华氏接到了天人撒下的鲜花的梦。天女下凡告知的胎梦,佛祖化身巨人的证体胎梦,胡僧坐在枕头边的胎梦,信士或白发仙人的胎梦也都属于这一类。

高丽光宗时期,洞真大师③诞生之前,其母亲梦见了一只老鼠衔来青琉璃,以此为开端,得到或是喝下珠宝的胎梦在古籍中也有广泛记载,而且珍宝胎梦在近代也很普遍。

下面来看一下这种胎梦的具体例子。

※ 看见金银酒杯或器物会生下尊贵之人。

※ 捡到金玉带会生下尊贵之人。

※ 握着玉笏会生下尊贵之人。

※ 看见金簪会生下尊贵之人。

※ 收到别人送的镜子会生下尊贵之人。

※ 妻子穿丝绸衣服会生儿子。

※ 女子着冠带会生儿子。

---

① 真圣王(887~897),新罗第51代王,也是新罗3个女王之一。
② 即慧和尚,新罗时期有名的僧侣。
③ 洞真大师(868~947),新罗末期到高丽初期的有名僧侣。

※ 看见神主或菩萨会生儿子。

此外,梦见吃了形似男性性器官的食物也预示着会生出儿子。新罗末期的高僧道诜之母少女时曾经梦见自己吃了一根超大的黄瓜。正月里梦见茄子也是胎梦,长茄子是儿子,短茄子是女儿。梦见吃香瓜也预示着会生儿子。

进门或是修门,门里果树发芽的梦等都是生子胎梦。朝鲜中叶学者徐敬德的母亲韩氏也是在梦见自己进了孔庙的门之后生下了徐公。

动物梦中梦见龙、蛇、鹤、牛、马和龟等都是生子梦。朝鲜中期巨儒李栗谷出生前,其母亲申氏梦见神龙进到卧室。

梦见收到莲花、得到樱桃等生女胎梦也是有的。但是1930年初朝鲜总督府调查的百余例梦占卜实例中与胎梦相关的仅限于生子。这个事实可以看作验证了男尊思想和男性子嗣狂热对胎梦领域的影响,韩国的胎梦习俗可以说也正是男尊思想的一种体现。

韩国人极度现世主义的来世观

韩国人的来世观有着极度现世主义的特征。也就是说,他们认为来世的所有一切都和现世有着密切的关系。因此现世通往来世的道路都是与现世相似的。他们把往生的世界称作"北邙山",好像它就是村子前面的一座普通的山似的,非常具有现世主义。

在灵车出行时唱的《香徒歌》中,黄泉也和现世世界非常接近。

黄泉路遥遥啊,今天我却站在黄泉大门外。
北邙山遥遥啊,而今翻过去就是北邙山了。

在黄泉之路上也和现世一样,要吃午饭,要像出行一般连路费盘缠都要带上。

"喂,使者大人,路上会饿要吃饭,鞋子也要修补,带上盘缠再走吧。"

即使是死人也要遵循现世的伦理和礼仪。"告别了旧祠堂,虚拜新祠堂……"辞别祠堂不仅是礼数,也是对无法偿还父母恩情表示出的道义上的后悔,很少有《香徒歌》会将此省略。

> 回望降生以后父母的恩情,
> 被当作心肝宝贝养大的我,
> 不论旱涝顺利成长的我,
> 无法报答父母恩情的无知小儿,
> 已至而立却仍无法报答,
> 奈何奈何,痛心疾首。

与对未来的恐惧或决心比起来,对即将离开的现世的强烈留恋和不舍之情更浓烈。所有《香徒歌》都以"世间万物中除了人类还有什么"开头,直白地表达了韩国人意识中死亡现世指向性。

> 人活百岁,生病、睡觉、焦急、担心全都不计,
> 仅余不足四十年的人生。

> 父母手足谁会代我离开?
> 抛下父母手足永别宗亲,我走了。
> 无吃无穿伤心欲绝无法上路。

放下豪宅,抛弃心爱的子女和门前肥沃的田地,将对世俗的迷恋全放下,前往北邙山才是最终结局,只余消亡和静寂。

万尺青山,深挖矩尺
七星为褥,草地为盖
肉腐成水,骨烂为土
魂分七百,何友觅我?

既去两班,有疥有钱?
谒墓方知,徒布草根。
草根临霜,丹枫染色。
此生之友,路过我坟
以手直指,言此谁墓。
心不在焉,飘然离去
何等寒心,何等可怜。

死后身化为尘,消亡殆尽,只剩灵魂徘徊在故乡附近。

佛教的来世观与韩国式来世观的协调和融合形成了地狱观和极乐观,而韩国人所执着的现世主义思考方式甚至将地狱和极乐世界也与现世紧密联系在一起。

据说进入黄泉就像在现世世界进入官府一样,守门人会向你索贿,没有钱的话就得把衣服脱下来交上去,和现世一模一样。

进入黄泉第一道官门之后,就来到了准备了刑罚工具的审判长面前。当然,在基督教的来世观中所有人也都得接受审判。但与其形而上学式的审判相比,韩国人的审判标准是形而下学式的,和今生的现世世界标准分毫不差。例如:

进谏王上,忠诚国家
尽孝父母,树立家范
授饥以饭,饿死救济
授寒以衣,救难功德
良地建屋,行人功德
深水修桥,越川功德
授渴以水,给水功德
授病以药,活人功德
高山建庙,众生功德
公婆父母,至诚孝道
友爱手足,亲戚和睦。

黄泉中的审判标准似这般是以现世必须遵守的三纲五伦为基准的。

于是,判决就出来了。若是"汝怪恶奸邪,逆父母言,离间兄弟,致手足不和,世恶皆为,时时善变,不听则骂,对坐泯笑,赘赘怒之。好挑人言,善猜忌"的话,就要被送下地狱去了。

但若是善良女子的话,则"皆如汝愿,为仙子,为男子,为相妻,为帝后,富贵功名悉如尔愿,所想皆成。"这里仍是许以现世的幸福——富贵。

《黄泉巫歌》中描写的韩国地狱场面非常惨烈,其种类列举如下:

石碓地狱——将罪人放进石碓中碾压,使身体支离破碎,血迹斑驳,每天都要经历万生万死。

刀山地狱——将罪人放在刀刃上,他若摇摇欲坠,用手抓住刀刃的话就会被切成100片;用脚踩在刀山上的话就会被切成1000片。

石磨地狱——用巨大的石磨将罪人碾成粉末。

草灰水地狱——将罪人放在滚开的草灰水中煮的地狱。此地狱东南西北各有一门,各门轮流打开。罪人若是想从打开的那扇门逃命的话门就会关上,而反方向的门就会打开。他再跑向那扇门的话,那扇门又会关上,就这样让罪人永远在滚开的草灰水里徘徊。

铁锅地狱——将人放在烧开的铁锅里炸。

火罐地狱——让罪人顶着火罐,浑身陷入火海。

大地狱——墙高万丈,周围黑墙壁有万尺,上面罩有铁丝网,有四只铜兽喷火口,会从嘴里喷出火焰将虚空全部烧毁。

此外还有爬满饥饿毒蛇的毒蛇地狱,全是尖尖的冰柱的寒冰地狱等,种类繁多。极乐不发达,地狱发达的现象的产生,是因为韩国人的来世观重视现世的伦理价值,忽视来世的哲学价值。

你的是你的，我的是我的

在中亚的一些国家的市场上经常会看到有卖二手物品的，特别是服装市场，全都是二手货。美国也有叫做"garage sale"的市场，经营二手货交易。

我国也到处都能看到跳蚤市场，像二手货交换中心这样的地方只交易冰箱、电视机、成套接待用家具、衣柜等大型家具或是较值钱的物品，不像"garage sale"那样连包括内衣在内的服装或餐具等便宜的日用品都卖。

这种现象体现了中亚或欧洲对食、寝用品的强烈公用意识与韩国对这些物品强烈的专用意识之间的差异。

估计碗勺专用这种现象只有韩国有了。父亲的碗是看起来很大实际上也能装得很多的梯形，母亲的碗是看起来装不下什么实际上能装很多的球形，孩子的碗是实际和看起来都一样的圆筒形，佣人和厢房客人的碗是看起来大实际上装不了多少的倒锥形。

被褥也是如此。西方人只会换掉公用的床单、被褥却没有你我之分,因此才会对买卖二手日用品毫无抵触情绪。

然而在韩国,即使是一家之内的空间也会用隐形的墙隔开,这种专用意识很浓厚。就像男主人白天不会进内室、男人也不容许进入厨房一般,韩国人拒绝空间共有。因此,过去即使是在一起生活的一家之内,我们也会用看不见的墙壁划分出许多专用空间,大家互相回避。

这种专用意识从何而来呢?

理由有很多,其中一个是韩国人不同于游牧的欧洲、中亚人,是定居的农耕民族。

游牧民族的生命之源是草地,不分你我的;农耕民族的生命之源是土地,界限划分很明显。

而且游牧民随部落一起移动,同吃同睡;而农耕民则是以家族的形式食、住、睡。与以家族的形式共同行动比起来,以部落的形式共同行动的人当然会更加习惯于共用衣食住的器具。

撒娇的韩国人

翻看收录了神仙隐士行迹的古籍《赵汝籍选》①、《青鹤集》②时会发现,他们并不是完全脱离俗世隐居,而是无一例外地在距离人家或故乡不远处,过着时刻心系世人的隐居生活。

比如说甲子士祸③时避世的郑希良离开时把鞋子脱在故乡南江边,以告诉家人或其他人自己已经离开俗世,这样的例子在韩国有很多,而韩国的隐士也都如此这般躲在朝廷能够找到的地方隐居。

隐居山林的儒生们每作诗便会将写有诗的纸团成药丸状装进葫芦做的筒里,这叫作"诗丸",待到葫芦桶装满后就将其密封起来放进溪水里漂走。目的是让下游的人拾到阅读。

---

① 韩国朝鲜时期,赵汝籍所著的道教书。
② 同上。
③ 韩国朝鲜时期1504年4月甲子年,勋旧派与士林派矛盾尖锐化,第十代王燕山君为其生母报仇屠杀士林派。

也就是说,在韩国人的意识中,即使是隐居也不能完全躲起来生活,他们通过这样的诗丸和诗瓢与俗世相连。还有一些人心系鸟雀、山水、明月等,对非人的自然物有着执着的连带心理。"惟此月知","惟有子规知我心","流水无意",或"雁过留声话我心"等心系他人的依存式意识构造形成了韩国抒情与文化的一个重要部分。

因为在意他人的目光,韩国人形成了较实际更注重形式、较实理更注重体面的意识。

《兴夫传》中并没有兴夫会识字看书的内容。但是有一段却说,兴夫在得到葫芦里的大量财宝之后,买了《诗经》、《书经》、《周易》、《古文珍宝》等名著摆满书架,还大声干咳。这些书并不是用来阅读,而不过是对自己文化水平的一种夸耀罢了。不求实际只求形式。这与近来有人在会客室里摆上装饰用的《大英百科全书》是出于同样的目的。

不得不说,过分在意他人的倾向是导致韩国人尤为强烈的응석(Ungsok,撒娇)和아양(Ayang,耍娇)的源头。韩国人之间不仅有母子、师徒般的从属关系,在所有人际关系上都与西方理性的、契约式的关系不同,更接近응석和아양的关系。关注他人正是为응석和아양事先做铺垫的预备行为。在人与人的关系方面,让韩国人安心的关系并不是与对方在法律或是理解层面上的对等关系,而是依存与被依存的응석关系。

因此,不是作为"我"(个体),而是作为"我们"(集体)来展现自己,心系他人、关注他人是为成为"我们"而做的不懈努力。

在西方和中国都没有与"응석"或"아양"相对应的恰当词汇。克尔凯郭尔或尼采经常讨论的怨念(ressentiment)心理就被认为是

응석撒娇得不到回应而引起的心理。另外大卫·理斯曼所著《孤独的人群》中著名的美国特有的他人指向型心理也很接近这种응석心理。但这也和韩国的응석意象有所不同。对美国人来说这种心理是不存在的或是极少见所以没有相应地语言来表达的。

拥有这种응석心理的集团主义的韩国人很羡慕个体式的西方人,并且在这一方面有着一定的自卑感。越是知识分子,这种感觉就越强烈。然而,并非学学西方人的做法就能让个体确立自我概念,使用不当的응석只会导致相反效果。

想要脱离集体获得个体独立就必须先发现自己身上的응석。在"我"的一切言行中甄别응석,再自行将其包裹并隐藏起来才能实现个体的确立。

在韩语中,有一个用来表达这种内里包藏行为的颇具美感的词汇,叫做"沉着之人"(침착한 사람)。

情先于理

根据很多外国人的经历,韩民族可以说是世界上家族观最浓厚的民族。而这种浓厚家族意识也正是韩国公众意识极弱化的重要原因。家族和公众之间有一个义理缓冲层。而如果说人情层原本是红色的,那么我们可以将其所投映的义理层看作被染成了绯红的。

这种体现着人情的义理层和日本制度化的义理层有着质的区别。韩国从三国时代以来都一直是中央集权制,只有朝鲜王朝建国之初曾一度试图建立分封制度,却也被迫中断了。也就是说统治权力不经过中间层,直接由人情圈代表,即一家之长相连接,而家长的权力影响整个家族,这种权力的传达方式延续了千余年。而日本直到明治维新之前,其间都由封建领主——藩主掌握着绝对权力,在这种权力面前,天皇的权力、家长的权力都必然被弱化。

在日本这种分封制度下,为了生存,人情被当作维持家族式的少数人亲密圈的粘合剂,而维系多数人关系的义理才是其社会基础。

以人情相结合的韩国人以家族为单位进行农业活动,离开家族就会进入一个完全是"stranger"的世界,人与人互相之间没有横向

联系;而以义理结合的日本人离开家则成为了"one of them",人与人之间互相有着横向的联系。

一旦脱离人情圈,作用于韩国人的力量就成了离心力,而与之相反作用于日本人的力量则是向心力,这也是因为义理融入了其社会之中。也正是由于这种融合了义理的向心力,即使一开始抱着反战思想和反体制思想,一旦战争打起来还是可以动员全体作战。

在韩国,作为家族外部要素的协会意识萌芽仅存于货郎、屠户、水贩或巫师等受轻贱的阶层。而日本则是在町人、职人中,相较于内部团结,强烈的家族外部团结得到长足发展。

就像白湖林悌[①]慨叹的那般,环绕中国的四夷中,北狄、西戎、南蛮都曾统治过中国或者至少反抗过中国的统治,唯独韩国所属的东夷从来没有这样的念头。这种地缘政治上的不幸命运是由于将互相离散的离心力凝聚为向心力的国家意识或主体意识不发达。

与此不同,日本凭借其岛国的地理条件,即使有离心力作用,碰到周边海洋的障碍也会反射回来成为向心力和向心式的国家意识,让国人在这种向心力之下集结起来。这种町人本性和岛国本性为其义理观奠定了牢固的基础。

---

① 林悌(1549~1587),朝鲜李朝诗人,小说家。

"韩国人单个来看都很精明能干,聚在一起反而四散如沙,变得很弱。"这种论断也是由于韩国人的人情圈内部高度成熟,一旦外放到公众圈中大家就会成为不相关的外人,互相背离。人情圈是在集团法则里牺牲个体,而来到外面又会丧失集团法则转而树立起顽强的个人法则。古时韩国儒生受到弹劾时,即使该弹劾与事实不符,也会从大角度出发承认自己的失德并退出朝堂再不复出,这种事例屡见不鲜。

例如,宣祖时为制订新的武备策,名相柳成龙在王上面前演示新式武器鸟铳,以供王上御览其威力。但是,以朴东贤为首的大臣却上书弹劾柳成龙说,御前开枪放炮再怎么名正言顺,也是罪大恶极。

御前开枪放炮是受到王上许可的,但是柳成龙却接受了此弹劾,并以自己不才为由递交了辞呈,再次被传召也不再复出。

世界上唯有韩国人达到了这种至高的道德境界,是因为超越了善恶、利害、义与不义的韩国人坚固的人情意识在作怪。日渐缩小的地球村中,这种意识若被适当地触发,就会像浓缩铀的核能量一般爆发出威力巨大的附加价值,实为一颗大金蛋。

拒绝平等的社会

逃税,权力下的特别优待,老板随意的提升和奖励,这些并不仅仅是因为竞争或政治腐败才产生的企业伦理堕落问题,它们和韩国人传统的意识构造有着密切的联系。

朝鲜王朝的社会构造将公平及依赖于公平的竞争意识与韩国人完全隔绝开来。首先是班常所导致的差别。只有两班贵族才能够科举及第,而中人的官职只局限于中人所能从事的驿馆和医药部门。而且就算是两班,如果先祖中出过叛臣,或其本人是为当时社会伦理所不容的人,也是不能参加科举的。

刘克良[①]副元帅在艰难困苦中仍坚持学习并最终武科及第。但是他的母亲听到这个消息之后却不知为何哭个不停。在克良的一再追问下,母亲说出了自

---

① 刘克良(? ~1592),韩国朝鲜时期有名的武将。

己隐瞒贱民身份与贵族结婚生下克良的事实,而贱民是不可以参加科举的。

刘克良在及第之后才知道,因为子随母贱的奴婢法,自己的身份是不能参加科举的。

克良之母曾是前宰相洪暹的婢女,但是由于过失打碎了王上赐予的玉杯而获罪,她畏罪潜逃后遇见了克良的父亲并成了亲。

要是一直什么也不说也就没事了,但是母亲出于母子之情全部坦白了,刚直的克良听后立即收拾行装上京去了。他来到吏部将自己的贱民身份和盘托出,并请求取消这次的武举资格。之后他又去拜访了宰相洪暹,将事情的来龙去脉据实以告,并请求降自己背主欺君之罪,自请为奴。

洪暹被这个奇特青年的义举所感动,下发了免贱文券解除了他的奴婢身份,并判决其科举成绩有效。但是刘克良仍然像个仆人一样按时请安,路经主人居住的村庄也必定下马步行。刘克良身上所表现出的贱民意识是整个朝鲜王朝流传下来的道德规范,在这种等级意识中公平竞争的思想无处萌芽。

即使是在科举上享有平等权的两班,在当权者子弟的优先权面前,作为他们的特权的跃龙门之路也变得狭窄起来。除了两班身份,地域差别也破坏着公平性。西北人即使及第也只能止步于芝麻官,这是一条不成文的规定。想要探求个中原因,我们可以从一些学者的论述中找出答案:

① 西北人属庶民,阶级层次不高,受到阶级意识和权威意识浓厚的掌权者潜意识的排斥。

② 由于全家徙边律等朝鲜王朝初期颁布的强行移民西北地区的政策将南部地区的贱民、罪犯赎身发配至此,因此掌权者对这些人有偏见而排斥他们。

③ 性格武勇虽是西北人的优点,但以妙清、郑伟忠、李施爱、李适等西北人为核心的大叛乱使得掌权者对其有畏惧心理而排斥他们。

④ 北方较之南方,性理学普及得较晚,使得掌权者对其持有偏见。

这些因素导致了西北人得不到重用,使得他们无法触及人才选用的桥头堡。不仅是对西北,凡是发生过大叛乱或是有悖伦常事件的地区都会被毫不留情地排斥在重用圈之外达数百年之久。

朝鲜时期女人的性文化

单细胞动物没有性行为,它们通过分裂完成繁殖,也就是为了种族繁衍牺牲自己。

著名生物学家罗斯坦德教授在学术报告中声称发现了像草履虫之类的淡水单细胞生物间存在被称作接合的爱情行为。但这种接合现象只是两只单细胞动物结合为一体互相交换细胞组织以达到一种净化作用,此后会分离开来再恢复到原来的样子,它并不是以繁殖为目的的行为,因为根本就不存在性,因此不能将之称为性行为。

罗斯坦德教授说这种单细胞动物的接合现象只能解释为爱的行为,即性冲动。这就科学地证明了我们必须承认,在生物界中爱欲是比性更超前、更强烈、更普遍的力量。也就是说爱先于性,它与以填补统一体中缺失的成员为目的的性繁殖机能毫无关系,但却是普遍存在的。统一新罗前后扎根的儒学思想将性完全定义为繁殖手段。也就是说,对连单细胞动物都拥有的、比人和动物本能更源远流长的生物本能——接合行为进行了否定。在这种性否定的大前提下,韩国人不论男女从人的本性层面来看都是不幸的。而这种对性的否定正是培养了韩国人自虐生理的罪魁祸首。

韩国女人不仅对异性,对自己也奉行严禁爱的表露的"性缺失"。除去产子的生殖功能外,韩国女人将"性缺失"作为生存的正确之路,奉行无性的生活才是妇德和美德,才会受到称赞。

朝鲜时期确立了大家族制度和大家长制度,而这一时期性欲方面的自虐程度更加严重。每个人都是为了家族而存在。因此为了家族就会牺牲个人的"性",性爱或性欲都会给家族带来不利影响,因此受到了一再的抵制,除去为了生子以外,对其进行了彻底的封锁。

法国诗人波德莱尔有首以"爱的快乐到底是什么"开头的诗。男人们针对这个主题阐述了不同的看法,其中一个无聊的家伙说"也就是善良的市民创造出的快乐"。波德莱尔在这首诗里讽刺了为维护小市民式的秩序连性也牺牲掉的虚伪和伪善。

朝鲜时代的性爱与"善良的家庭创造出的快乐"的大家族制奉献式的伪善紧密相连,因此人们将性爱用绝缘的衣服左一层、右一层地紧紧包裹,形成了全世界、全人类历史上最严苛的男女有别风俗。

在这绝缘的监狱中形成的男女有别思想往往会重于死亡。要是有个女人从这里越狱逃跑,这个消息就足以给家族带来致命的耻辱。也正因为如此,这种逃脱即使不是性放纵,也是家族洗刷不清的耻辱。如果家法也不足以洗刷,丈夫就会将妻子送官。官府会对其施以笞刑,并许给捕快或下人做妾。这虽不是丈夫的本意,但是除此之外没有其他办法能恢复家门的荣誉。

在如此严重的男女有别思想中,女人的性本能自出生起到生下儿子为止,只会用到一两次——若是生了女儿则会多用几次而已——直到死去也会原封不动地带到棺材里去,就像个无用的首饰一样。但是性又不完全像首饰一样只是静静地待在那里,为了得到满足,它会一直蠢蠢欲动,像一座活火山。然而朝鲜时代的女人们一生都在将这座活火山硬生生地压制成死火山,她们的一生是压抑的、辛苦的,也是自虐的一生。

归来亦不喜

古时候长者听到女人随便大笑的话会马上责骂："笑什么笑！你是被胡人掳走过吗？"李人稙[1]在《鬼之声》中也有大声呵斥随便大笑是不是因为被胡人掳走过的内容。在韩国古代文献中偶尔能看到"还女含笑"这个成语典故，也是这个意思。

被胡人掳走回来后为什么要笑呢？在追究其答案之前，人们可能会先惊疑到底有多少女人被胡人掳走，才产生了这样的说法。

丙子和丁卯胡乱时蹂躏韩半岛的胡兵们把女人当作战利品掳走，带到沈阳的人贩市场卖掉。因为沈阳地区女人很稀有，可以卖个不错的价钱。

被绑架后逃回来的女人被称作赎还女，简称还女。

还女为什么要笑呢？那应该是故乡人见到原以

---

[1] 李仁稙（1862～1916），韩国近代有名的小说家。

为已经死去或是一生都不能再相见的母亲、妻子或女儿回来时无法抑制的喜悦吧。但是可悲的是韩民族的道德规范不允许人们接受这种喜悦,满身泥垢回来的还女是家族的耻辱。

因此某些家族会断绝血缘关系将其送得远远的;或者把她留在家里当婢女,在阶级上疏远她;还有的家族甚至逼她们自杀。据说,古代高阳郡神道面薄石脖子附近就有一个还女村,住在那儿的都是从首尔流放而来的还女,她们种些蔬菜,互相扶持着生活。

还女的处境就是这么艰辛。但是至于还女的笑为什么如此受忌讳,这就要从意识结构的层面来分析她们为什么不得不笑。

即使是他律性的耻辱,为了在人前弱化其辱,女人们不得不展示含蓄的"韩国微笑"。还女含笑是为了不被其所属集团所排挤而强忍住泪水。西方人会哭,会发泄郁愤,而在苦恼时韩国人仅仅只是微笑。

英国的历史片中经常出现这样一个场面,个子高挑披着斗篷的土地贵族在收取年贡时,看见伏在地上祈祷的农民的时候,会露出古怪的笑容。此外,在一部叫作《群众中的脸》的美国电影中,有一个总统候选人对着手心里的镜子做微笑练习的场面,而旁边的公关公司员工露着牙齿指导他该怎样微笑。

西方人的笑容意味着优越感或胜利。

司汤达将笑容看作"自我优越性的外在形态";作为笑容哲学家而闻名的马塞尔·帕尼奥尔也这样定义笑容:"笑容是胜利之歌。笑的人对着被笑的人会瞬间产生优越感。"波德莱尔也认为笑的本质是邪恶的,他说:"绝对者不笑。只有人类这种不上不下的存在才会像恶魔一样带着优越感对不如自己的事物微笑。"

韩国人特色的祈子思想

韩国祈子的代表性家祭有三神祭、龙王祭、山神祭、诚贡祭、弥勒祭等,此外以妇女们作为祭主的家祭都包含着祈子元素。

韩国女人最大的愿望是生子,因而祈求祛病、丰收等个人祭中也包含着祈子的元素在里面。

韩国女人供奉的家神中有个三神,专司生孩子之事。她们认为如果不供奉此神就会生不了孩子。这位被称作"三神奶奶"的家神的神体在各地都会有些许的差异。

纸带捆绑的折叠韩纸(公州地区),白纸包裹的头一胎产后七天产妇穿过的内衣一角(金泉地区),分娩时剪断脐带的剪刀、线或产妇躺过的草垫(马山地区),装米的坛(天安地区),装有米、线和纸的篮子(蔚珍地区)等都是其神体。

通常情况下,渴望生孩子的妇女们将这样的神体供奉在北边房间齐墙的高处,虽各地有所不同,但每月初一、十五都会对其祈祷求孕。若如愿以偿生出了儿子的话,就会用新稻草编长约5寸,厚约1寸的草环放在三神坛的米上面,拜三拜以表谢意,而这草环就象征着男孩子的性器官。

还有把装过神体的三神坛中的米做成的百日白糕分给邻里们吃的习俗,这包含着希望孩子长命百岁的祈愿。

龙王是生活在井里或河里的神,与产神并没有直接的关系。但由于将男性生殖器的尊称为"龙",因此龙也就成为象征男性的祈子对象。祭司方法如下:日出之前的清晨天空还留有残月,残月照映在井水上,被称作龙卵,此卵有着咒语的力量,意味着准备受孕怀子。

若龙王祈子后生下儿子那就得将儿子卖给龙神,而代价就是孩子的名字里面必须有个"龙"字(平南顺天地区)。

祈子咒术中的山神祭也因地而异。晋州地区求子的夫妇在正月十五前夕会一起上山通宵祈祷。大部分地区都在3月3日、7月7日、9月9日等阳日,即象征"男"的3、7、9重叠的重阳日由妻子单独进行祭祀。

还有在山神的神体岩石、树木上绑上单数的三根草绳作为三禁绳的习俗,据推测这也是对象征男孩的"三"的咒语式祈祷。只有平安道地区会进行诚贡祭,这是把石头雕刻的石佛或是类似男性生殖器的长石头供奉在山上洁净处,并摆上饭和冷水,口中暗念祈子咒语的祭祀。

七星祭是由道教的七星思想和佛教相结合的祈子神祭,后逐渐转化为主要在山寺中进行的龙王祭。

龙王祭中,祈子夫妇成为祭主在分开建造的七星阁中祈祷。有些地区不在寺庙而在家中面对北斗七星摆放祭坛,在能看见北斗七星的深夜祈祷(全北地区)。还有在岩石自然形成北斗七星状的地方设坛祭祀(全南和顺地区),或是用石头、泥球等摆成七星状进行祭祀(忠北地区)。

以散布全国各地的石佛为对象进行的弥勒祭,是普救未来众生的弥勒佛信仰的变异体,因此而得的儿子小名要唤作"弥勒"。

岩石也经常被当作祈子对象。只有生得很像男女性器官的岩石,或是互相对立的男性殖器状岩石和女生殖器状岩石,或者像拥抱般交缠在一起的两块岩石,或是有洞的独石、复合石才能作为祈子信仰的对象。这种岩石之所以能用来祈子,是因为它们长得类似性器官,因而具有咒术性效果。

岩石祈子祭礼的过程千差万别,这里将以其中作为典型的江原道蔚珍地区习俗为例来做说明。

于一天将尽的午夜在山谷的清水中沐浴斋戒之后取木棉三尺(若是富户人家则会延长到7、9、27等奇数尺数)和干明太鱼,以及一斗在清水中清洗过7~9遍的米做成饭菜。拿一团丝置于饭食上,将丝的一头系于作为祈子对象的岩石上,再将丝拉引至夫人的下腹部缠绑,使其静坐祈祷。只要稍稍一动丝就会断,所以这种静坐是很辛苦的事。直到下腹部感到有灵气冲腹而入为止,不然会整晚整晚地坐好几天。

生怕这种苦行式的祈子会泡汤,婆婆会拿着藤条一直守在旁边。祈子过程中将祈子岩和妇人下腹部以丝相连,是将祈子岩所带有的生子神力通过丝来传达的一种咒术,奇数木棉尺数和干明太鱼都是男孩的象征。

与此相同,作为祈子对象的岩石形态类似男女性器官,或是人为地将类似男女性器官的石头摆成对称状作为祈子对象。此外还有在形似女性性器官的岩石凹处摆上类似男性性器官的石棒的祈子习俗。

江原道高城沿海海金刚万物相右边末端的祈子岩,石头与石头合在一起状似女性阴部,在其凹陷处挖出了一个洞。总有十来根7～8寸厚、2寸左右长的细长石头以当中系绳、白纸包裹状态放在此处。

若要对此祈子岩祈子的话就要在附近供上饭食和白纸包裹的干净棒石进行祈祷。如果应验得子就会逗他说"你爸爸是石头爸爸"。如果这个孩子生了病就会把他抱去祈子岩那里,诵着"此子汝儿,务请佑其无病成长"的祷告文,搓着双手祈祷。

济州岛北济州龙潭幽深处有一座比普通人身高稍矮的石佛,石佛前面有一块类似男性生殖器的石头。据说想生儿子的女人会在晚上悄悄摸到这个地方来,脱下内裤将阴部直接与石头亲密接触。

郁陵岛北部罗里洞水力发电厂所在的海岸有一座被黄土九味和倭码头横穿的薄石山,山的上部有个岩洞,夕阳会透过这个洞投下一缕阳光。当地有阴部若被这一缕阳光照到就会生儿子的说法,因此就有妇女们在夕阳西下时掀起裙子的习俗流传下来。这仍然可以理解为类似于岩石与阳光的性交咒术。

有小石头附着的大岩石的附岩习俗也是岩石祈子的一种典型风俗。在宽大的母岩表面用子石打磨出凹槽并将子石附着其中就会生出儿子。根据这个说法，夫人们就在夜晚找到这种附岩并在母岩上打磨，同时嘴中还要念着祈子祷告文。虽然现在已没有这种习俗，但是穿过首尔彰义门去洗剑亭的路旁边有一块硕大的附岩，由此，直到现在那一带还被称作付（附）岩洞。除了附岩习俗之外，向类似性器官的石头或是石佛、碑头、塔身扔石头，若石头停在上面则会生出儿子的民俗也流传甚广。

庆北青松面周王山峡谷的小儿石上，有求子的女人们往这岩石上堆石头的习俗。从高处俯瞰小儿石会发现它极像女人的性器官。佛国寺顶部有个1尺4寸大的四方洞，这也成为了祈子的对象。德山温泉入口的大路边那座和普通人一般高的石佛顶上现在也满满当当的都是投上去的小石头。

另一祈子对象树木，必须具备根部有洞并且两棵古木树枝相交缠就像一棵树（使人很容易联想到人的肢体），呈明显的Y字形的条件。

由自古就有的树灵崇拜和类似性器官的咒术复合而成的祈子信仰演变而来的树灵祈子，最普遍的做法是在参天古树根部的洞里做灯明祈祷。求子的妇女们半夜在这样的古木根部的洞中填上芝麻油或是白苏油并点燃蜡烛诵念祈子祷告文。祷告结束后再用蜡烛点着洞中的油。这可能是用蜡烛和点火象征着性行为和其白热化状态。

庆北衡山玉莲寺观音堂左边有一棵老松,树上挂着注连绳等纸条和花花绿绿的麻布片,前方有一块床石。床石正前方是老松盘桓的树根,根分两路呈Y字状,分支点被挖出凹槽,并被烛火和没烟熏得漆黑。都说此处求子很灵,于是附近的女人都纷至沓来。

在树木Y字形枝根间树一块阳石进行象征性交的"嫁树"也是一种祈子习俗。近来都只用果树来进行嫁树,但用作为信仰对象的城隍木来实施嫁树的例子也有不少。首尔近郊巫师们的口述也都证明了这种嫁树习俗是祈子信仰的一种手法。

这种祈子嫁树习俗也存在于尼泊尔高原地区和藏族山村中,因此据推测其也可能是蒙古人习俗中的一种。

印证连理枝咒力的习俗自古就有了。新罗奈勿尼斯今[①]3年有新罗祖庙院子里有连理树等的史料记载,可见连理在咒力中占据了多大的比重。

两枝合体为一树的现象象征着创造或诞生,对连理树的崇拜源自于对这种创造和诞生的咒力的转移接受。还有求子的夫妇为了生出儿子借用有子人家的上房住一晚并性交的习俗。另外,大部分连理古木都以堂木作为祈子信仰的对象。

---

① 奈勿尼斯今(?～402),韩国新罗时期第十七代王。

学历社会的根源

高丽金允侯①做忠州防护别监时曾遭遇蒙古军的入侵袭。

敌人包围山城70天后城中粮食已所剩无几。尽管金允侯召集了城中避难的百姓，一再游说他们说若不拼尽全力御敌就只有死路一条，所有人却仍旧无动于衷，倒是干脆打开城门投降的言论占据了上风。

对此，金允侯想了个办法，他将韩国人对"名"的强烈执着转化为了战斗力。他说："若我们竭尽全力赢得这场战争的话，就奖励平民以官职，提升奴婢为平民。"金允侯不仅将印有官印的官职表分给大家看，还当着众人的面将他们的奴籍文书烧毁。

奴籍文书还没全部烧完，城内就已士气高涨。金允侯借着这由"名"聚集起来的浩然士气，扭转了局

---

① 金允侯，韩国高丽时期有名的僧将，射杀了蒙古军将领撒礼塔。

势,大胜蒙古军。在战场形势不利的情况下用为奴婢赎身的方法来克服危机,可以说是一种极具韩国特色的战术。

壬辰倭乱时,由于兵力不足,战争陷入无法挽回的局面,在义州行宫有大臣提出了以废除贱民身份的方法募兵,卖功臣禄券以筹粮的意见。这在不重视"名"的社会里是完全想象不到的政策,却被作为扭转存亡困境之策提出。"名"在韩国人的价值观中就占据着如此重要的地位。

作为先天资格而获得的"名",即氏族、门第或奴婢、平民、中人、两班、士大夫等古代的身份资格,逐渐演化成为如今的毕业学校、所属集团或学历、职位、职权、蓝领、白领、老板、雇员等后天性资格,但是对附着在资格上的"名"的执着并没有变化。

如果问一个美国人的身份,他们会回答说是技工、公务员、新闻记者、销售员等。若问韩国人,他们则不会说出这么具体的实际工种,而是首先报上工作单位的名字。比如,公务员就会说"在政府××部门工作",记者会说"在××日报上班",销售员会说"在××商厦工作"。

比起一个人是做什么工作的,韩国人更好奇他在哪里工作,也就是相较于其实际工作更乐意知道他所属公司是什么,因为这已经成为了社会评价的标准。选择伴侣时也是如此,相比对方的为人和能力等"实",更优先考虑他的家世、学历、公司、兄弟的社会地位等"名"。更不用说是在其他选择方面若看重"实"多余于"名",就彻底属于异类了。

对特殊性的反感

韩国人以平等的普遍性为中心理论看待事物,西方人则以差异的特殊性为中心理论看待事物。就像人有高矮胖瘦一样,数学棒的人可能不会画画,懂音律的人学不好英语,不是创造型人才却是刻苦努力型,每个人都有着自己的特殊性。

当今美国的行业分成 20 万类,仅钢铁业就有 38 000 种。产业化越发达,行业种类不断分化,新的职业也就越多,因此就要求人类不断学习新技能,而以前被抛弃或掩盖的那些人们认为毫无用处的能力此时也发出了光芒。

韩国人的平等、普遍和总体意识很大程度上形成于韩国的农耕社会。在农耕社会中,人类的个性或是特殊性并非美德。进行农事活动的首要条件是个人的眼、耳、口、鼻以及手脚健全,具有劳动能力,即要有正常普通人所具有的普遍性。在此之外的个性或能力及精神层面的价值对那个社会毫无用处。

脑筋灵活、想法新颖的人反而不能像普通人那样从事农业活动,成了纯粹的饭桶。扰乱"普通"人心者理所当然会被视为异端者。四肢健全的人在韩语中被称作"普通"人。金发碧眼的白人要是能流畅地说韩语就会被看作是怪人,并被人取笑。这也是由于他们有了"普通"人所不具备的特殊性。

在拉丁美洲,喊跛脚的人"瘸子"或是瞎了一只眼睛的人"独眼龙",当事人都不会生气。但是绝不能这样叫韩国人,万一这么喊了,会给当事人造成很大的伤害。

这是因为韩国人尊重有着普遍平等外形的"普通",而拉美人并不拘泥于这种外形,他们进行的是语言对语言、灵魂对灵魂的交流。

西方在进行很罕见的内脏移植手术前,如果等待移植的人很多,神学者和法律专家等会开展一个研讨会。而讨论的结果是很明显的,人类普遍认为,比起退休的擦鞋匠,年轻的科学家或是带孩子的主妇应当优先接受手术。伦敦综合医院内部文件规定,65岁以上的老年患者即使心脏停搏也不允许使用人工心肺。

韩国人虽然也认为与老擦鞋匠相比年轻的科学家更应该被救治,但由于人们普遍、平等的"普通"意识,自然就产生了对这种做法的反感和抗拒。有生命危险的孤儿因为没有住院费而被医院拒绝治疗一事在舆论上掀起轩然大波,这也是因为这种"普通"意识。这种普通意识也成了韩国式人道主义的优良主干。

韩国人认为完美女性必须拥有无可挑剔的美貌、洋溢着知性美、有运动细胞、厨艺精湛,还要积极进取。

西方人则认为完美的女性应当具有某种刚毅的个性、才能或某种性格,同时隐藏起随之而来的缺点,韩国人的选择或倾向之所以与此相反,也是"普通"意识在作祟。

人类历史的300万年,至少是有史料记载以来,知识总量是在不断增加的,但是人类大脑却没有变化。缺点随着优点的增长而增长,优点随着缺点的减少而减少。笃农家是不合格的社会人,隐士虽洁但却是唯我主义者且很懒,政客不管是当权者还是反对派都是正义之士但却臣服于权力,学者很女性化,商人成了金钱利益的奴隶。事实上,理想中的完美是不存在的。即使如此韩国人在评价历史人物或当今人物时,若其不是完美之人就会做出此人一无是处的极端评论。韩国人对历史的把握是极端的,不考虑历史人物的个性和特性,因而缺乏事实性。如揭发了某个被判定为善的人物有某种负面事实,那这揭发就会引起强烈反感。

韩国人"君子不器"的心性也产自于排斥个性、求全责备的意识。在韩国人看来,人应该像碗一样处处能用,即否定特殊化和专门化的"普通"人指向。

现在假设某个县的县长或警察局长在某个行业淋漓尽致地发挥着自己的才能,迅速专业地完成了自己的任务。如果真有这么一个人的话,他就会招致众议,引起人们的反感。相反,我们再来假设一个极力减少众议和反感,圆滑柔和地处理好所有事务的县长和局长。

后者没有决策力和领导力,实际上是不可能成大事的。

然而当地人却给了后者比较高的评价。因为前者是个有缺口的碗,而后者则是所谓的"不器"。

由于这种"不器"的意识,韩国人在遇到事情时既没有决心,也没有恒心和执着力,没有对成果的执念,只是熟练地打着马虎眼。在执行公务或做研究的过程中也是如此。韩国人不适合从事精密仪器的生产,仔细思考的话,也许这是因为这种极度细分化的作业与韩国人的意识构造相冲突。

遍地开花的总体意识、否定优先权的平等意识、拒绝特殊性的"普通"意识,其性质都是一样的。从人道主义和人和思想的角度来看,这些虽具有现实的肯定意义,但从人类进步和文化发展的侧面而言,这应该说具有消极影响。

4

飞向韩国价值体系里的飞蛾

相比视觉偏好触觉

入夜的成佛寺①中,住持已经入睡,只有借宿的客人独自听着风铃的声音,听着听着客人也进入了梦乡,只留风铃独自吟唱。

不仅在入夜的成佛寺中,风铃声对韩国人来说也是一支摇篮曲。然而,如果你住在纽约或是巴黎,在自家房子上系个风铃的话,恐怕就要因为制造噪音而被周围邻居们投诉了。强度达到50分贝以上的制冷机噪音或是钢琴声就会成为投诉对象,而风铃声在1米外是70分贝,8米外是52分贝,相当于一个噪音强度50～60分贝的普通商业街。

韩国人之所以能容忍风铃的声音,是因为他们并不是以科学测量的角度来衡量风铃声,而是以某种感性的意识来衡量它。韩国人喜欢将无法感知的抽象事物具象化出来,会想方设法让自己感知到那些看不见的东西。为了能够用感官感受到无形的风的存在,就用风铃把它捕捉起来,使其发出声音,而自己也就因为能够听见风的声

---

① 位于韩国忠清南道天安市,高丽太祖在位时建立。

音感到很满足。

　　韩末传教士盖尔曾经说过自己因为风透过门框和门板的间隙,把门风纸吹得呼呼响的声音吵得整夜不能入睡。他表示不能理解并惊讶于对这种声音无动于衷的韩国人。如果韩国人也像西方人一样觉得风铃声和门风纸声很吵的话,那么在数千年来的接触中这两种声音早就消失了。因此,这些噪音之所以能留存至今,是因为它们符合韩国人的意识结构。

　　在古代,几乎每个诗人都以门风纸为素材写过诗,而且一想到家乡,往往就会想到门风纸。在我看来,这并不是因为门风纸是韩国人家房屋构造中不可或缺的东西,而很可能是因为像对待风铃一样,这也是韩国人的意识在起作用。也就是说,门风纸和风铃都是将自然界中看不见的风具象化成为某种声音,让我们能够感知的一种媒介。

　　通过某种媒介将风这一自然现象具象化,并谋求与之融合的民族正是韩民族。而门风纸的声音正是韩国人的风采与浪漫,风铃的声音正是韩国人重要的美学要素。

　　很显然,比起西方人来,韩国人更习惯于从身体或是感官等触觉方面来把握事物,也正是因为这种倾向,韩语中有很多比喻用的是表示身体机能的词。

　　用"痒痒"来形容强压欲望的不安定状况,用"针扎似的疼"来形容事情很刺激,这些用的都是表现皮肤的感觉的词。用"鬓角斑白"来形容苍老、用"眼睛太远"来形容东西看不清。"多如发丝的日子"、"多如发丝",还有"气得肠子鼓起来"也都属于这种情况。甚至在连表现爱情时也用"看对眼"来表达。

另外,韩国人在强调亲密程度时会说"掏心掏肺",强调憎恶时会说达到了"肝上长疮抓不得"的程度。还不只是这些呢。软骨头被说成是"没有胆",无聊的人被说成是"肺里灌了风"等,连这些身体内的器官都大量地被用上了。所有抽象的事情都被像这样具象成了触感。虽然并不是说在日常生活中没有这些比喻就没法沟通,但若没有的话语言就会显得死气沉沉。

我曾经读过伯特兰·罗素的一篇论文,在论文中他表示在分析"她很热"这句话的句义时很是疑惑。"我很热"是我可以感觉到的,"你很热"这句话通过拥抱也可以感觉到,但是第三人称感觉的主观表达在英文行文上是不可能的。

然而韩语中的"她很悲伤"是以"我"为主体,看到"她"很悲伤的意思。虽然这在英语里是不可能,但是在韩语中却是一种很自然而然的表达。感官一向比较敏锐的韩国人,在言语中没有必要严格区分自己和他人的感触。所以说,罗素君如果出生在韩国的话就不会对这句话感到头疼了。

西方人讨厌与人发生肢体碰撞,不小心碰到了别人肯定会说"抱歉"或"对不起"。这是因为他们不喜欢肢体接触,并将这种接触看作是一种小事故。但韩国人若无意碰到别人,是不会说抱歉的。因此韩国人在公车或是地铁上像鼹鼠一样撞来撞去、挤来挤去的时候,也不会像西方人那样感到不快。在韩国,公车和地铁常常挤得满满的正是这一典型的韩国特性的最佳证明。

这种对肌肤接触的习惯应该就是触觉式意识结构的产物。冬天,全家人坐在在暖烘烘的炕头上,盖着毯子,脚压着脚,这种温馨是韩国人所特有的乡愁,是用身体感受得到的乡愁。而古时候,在客栈里陌生人共用一间房也还能酣眠也正是因为这种触觉式的体质。

在亨利·米勒的小说中,男女爱抚时一定要开着灯,这和韩国人爱抚时关灯的习惯正好相反。也就是说西方人是视觉式爱抚,而韩国人是触觉式爱抚。

归巢心理浓厚的民族

动物学家 E·梅勒兹曾对生活在非洲的蚂蚁做过一个有趣的实验。他在蚁穴周围挖一圈小槽并注满水，将蚁穴与外界切断。除了外出觅食的蚂蚁，蚁穴中还留有其他蚂蚁。梅勒兹在这个水槽某处架了一根细稻草当作独木桥，然后躲在一旁观察了起来。

过了一段时间，蚁穴里的蚂蚁完全没有要从独木桥出去的迹象，就好像是它们认为没有必要冒着走独木桥的危险出去一样。但是觅食归来的蚂蚁却不顾危险地过了那座桥，它们果断地践行了留守的蚂蚁们身上所没有的勇气和冒险精神。梅勒兹以这个实验结果为例，论证了动物强烈的归巢心理。

人类也是一样。只不过民族不同其归巢心理有强弱之别罢了，比较起来的话，韩民族应该算是归巢倾向比较强的民族。

希腊神话中的美女赛姬每晚都会和一个面貌不清的男子做爱，但是他们之间有一个禁忌，就是如果赛姬看到了那个男子的脸，他就会一去不复返。然而赛姬非常想知道这个男人长什么样，于是在一天晚上趁着他熟睡之时，赛姬拿着灯盏凑近男子的脸庞想照出他的模样。灯光照出了一个非常英俊的男人,他就是厄洛斯。就在这时,一滴灯油滴在了厄洛斯的眼睛上,惊醒了他,而他也永远离开了违反约定的赛姬。

在韩国的民间传说中也能找到类似的故事。一个渔夫钓到一条鲤鱼,这条鲤鱼变成了一个美貌的女子并且和渔夫结了婚,生下了一双儿女,幸福地生活在一起。但是,女子告诉了渔夫一个禁忌,就是绝对不可以看她洗澡,还预言说若触犯了此禁忌她就不得不回去。

某一天,渔夫特别想看妻子洗澡。他想,都有了孩子,妻子应该不会离开了吧。这样想着,他就偷偷地看了妻子洗澡的样子,这不就是一个半人半鱼的人鱼在洗澡吗?刹那间,禁忌被打破了,女子回了龙宫。

韩国这个"浴身禁忌"的故事与希腊神话中赛姬的故事主题和主线都一模一样。但是,韩国故事并不止于此。鲤鱼小姐回到龙宫,三年后她又回来了,并带走了孩子。换句话说,这也就是"归巢"。

中国和日本也有类似的故事,但是并不像韩国这样有归巢这一桥段。

如果我们将韩国的仙女故事和日本的进行比较,就更能看出这种明显的差异。

仙女下凡沐浴,樵夫偷偷藏起她的仙衣导致她无法飞天,于是仙女就和樵夫一起生活,并且有了子女。樵夫想,这样把仙衣还给她应该没关系了,孰料樵夫刚把衣服还给她,她就穿上衣服飞升了。到这里为止,韩国和日本的故事情节还都是一样的。但是韩国故事一定会再加上仙女回来带走孩子的归巢情节。日本的仙女用意志挽救了自己的仙性,而韩国的仙女却因为人性而使仙性堕落了。

还有一个故事也能将韩国人的归巢心理展露无遗。

金刚山的怨神卢氏夫人为了成仙去做千日祈祷,有一天突然下起雨来,她想起出门时酱缸盖子没盖,就慌慌忙忙地下山跑回家。就因为这种人性化的回归导致她成仙的愿望泡汤了,她成了一个半仙,作为怨神在世间徘徊。通过韩国这一类型的故事所共同展示的归宿感,我们可以分明地看到韩国人身上潜伏着某种强烈的意识。

将"出世"理解成来到世间的出入概念;而如果你去首尔的话就会问你什么时候"上京",是用上下来表示的。"出"是以归来为前提的,而"上"也只有在以"下"为前提时才有可能。所谓的"出"或是"上",就是即使余生都在异地生活,那也不过算是一个长期的停留,它总是以"归"为前提的。

近代化就是农村人口向城市迁移,所谓的近代史也就是一种迁移史。欧洲和西亚、中亚的人口移动是不以复归为前提的,他们不会像韩国人这样,一出乡关即他乡。与之相反,韩国人的迁移是以即使死也要回归家乡为前提的。

虚有其表的 Cadilook 人生

在莫泊桑的著作《女人的一生》中，有这么一段，主人公在回顾自己坎坷的一生时，觉得"虽然不像自己年轻时梦想的那么美好，但是也不算太糟糕"。

对于不仅承认最好，也承认稍次的价值的西方人来说，上面的想法是具有盖然性的。也就是说，西方人尽可能地赋予所有事物价值，他们具有的是多元价值观；与此相反，韩国人则有着单一价值观。所谓的单一价值观，就是认为某种事物具有某种价值，该价值只为该事物所有，而人生不过是为了达到这个最佳目标而做各种准备，之所以会形成这种价值观，是因为将自己的表象特征与崇尚"最优"的心理以及最大的价值相结合了。

虽然从好的方面来看，这种意识结构赋予了韩国人积极向上的耐久的意志、努力、潜力以及能量，但同时也招致了挫折感、劣势感、嫉妒和不安心理。

正如西方人经常说的那样,韩国的教育热是全世界史无前例的。韩国人为了子女的教育可以不惜牺牲一切,甚至甘愿忍饥挨饿。韩民族是一个不断劝学的优秀民族。因此,在韩国,学识丰富的人无条件地受到尊敬,而且社会地位也相当之高。

可能有人会反问"这不是理所当然的吗",但是,从全世界范围来看,并不是说学识丰富就一定评价很高,反而是反知性主义更加能够激发民众的潜力。

美国社会的反知性主义传统根深蒂固,甚至美国史学家,比如福姆斯特,都曾写书对这一点进行过说明。知识可以受尊重,但不能受追捧。

知性主义最普遍化的形式是"××论",而很少有国家像韩国这样盛行这种论述。它可以是基本粒子论或纯粹理性论,人生论、艺术论、恋爱论也还不错。但是连休闲娱乐论都有就有点儿奇怪了,因为休闲娱乐就是找乐子。研究评论只是一部分社会学家的事而已,估计连休闲娱乐论都能大众化这种事,也是只有在喜爱"论"的韩国人身上才会发生的吧。甚至还出现了棒球评论、歌词评论、钓鱼论、汽车论、赛马评论等,韩国人对此都不反感,原因可以归结为他们对知性的向往。

此外,韩国人还对官职非常热衷。相对于升官所带来的责任感,韩国人更执着于它所带来的权力。上司总想着"交给下属办"、"去事务处办";下属则想着"等着上司拍板"、"我是办事员说话不算数的",如此这般把责任推来推去,使其落不到实处,正是典型的韩国官场,而那些官员们只会享受官职所带来的权力以及其他额外利益。

这种只热衷于官位权力的认识,造成了希望一夜之间做上大官的史无前例的官职短命风潮。例如韩末汉城府尹只要做三个月就能升到将军。

赵大妃①的娘家侄子赵宁夏之子赵锡胤1888年进入官场,十九年调职一百三十七次,一年差不多七次。而他1891年一年内调了二十四次,仅当年六月一个月就调了七次,因此可以算是四天就调动一次。

韩日合并时期,卖国内阁中的内部大臣朴载淳从当官开始,到合并时的十二年间调职一百二十三次,差不多一个月就要调一次。其间四十三次调任将官,仅算当月调动次数也达六十七次之多。

朝鲜朝末期整个官场都充斥着这种频繁的官职调动。天文数字般的调职频率其根本目的不是调职,而是给众多人封官。对无限权力的执着搭着韩末松懈腐败的买官卖官以及食客政治风气的顺风车,形成了所谓的"职务布朗运动"。

即使只做了四天的判书或者参奉,也可以余生尽享其利、光宗耀祖了。

美国有种叫作"Cadilook"的汽车。这种车长得很像名车凯迪拉克(Cadillac),但实际上只是低档车。车名"Cadilook"隐含有"色泽好的山杏"(徒有其表)的隐意思。韩国人要脱下外表光鲜的Cadilook人生的面具,不断升华坚忍不拔追求上进意志力才好。

---

① 赵大妃(1624~1688),韩国朝鲜仁祖继妃,1638年册封为王妃。

"哎呀,妈呀!"和"哦,上帝!"的差别

当达尔文第一次进入非洲原始森林时,他说的第一句话是"哦,上帝!"。西方人或者阿拉伯人在表达感叹时,冒出的第一句话都是上帝或真主阿拉。

但是当六堂崔南善①第一次登上白头山顶看到那里的景色时,却不自觉地发出了"哎呀,妈呀!"的感叹。不仅是六堂,只要是韩国人在感叹或是惊讶时都会去"找妈妈"。

通过"上帝啊"和"妈呀"这两句话,我们完全能够看出善于独立思考和行动的西方人同在这些方面依赖性较强的韩国人的区别。一个韩国人如果在生活中不依赖谁的话,那他就不是韩国人了。孩子依赖母亲,妻子依赖丈夫,丈夫依赖先祖,学生依赖老师,职员依赖社长。不管怎样,韩国人都要以依赖的方式与别人连接起来,如果没有可依赖的人就会感到不安,并且每天都会不停地寻找依赖之锁。而

---

① 崔南善(1890～1957),韩国近代有名的诗人,创办了《少年》、《青春》杂志,发表了韩国最早的新体诗。

找到可依赖的那个人之后,韩国人就会从个性、理解、欲求和责任等各个方面依存于他。

比起才能或学识来更重视毕业学校,比起适合自己的职业来更看重公司的名气。我是毕业于这所学校的"我",是在那家公司上班的"我"。

即使是想吃某种东西也会推说不想吃,再次被劝说之后才会作盛情难却状去吃。韩国人的这种习惯让饥饿的本能需求都弱化了。就好像传说中的那只把自己的肝和胆托付出去的兔子,这是因为在韩国人的意识里,会把自己的意愿完全寄托于他人身上。

令人羞耻的人情附加税

　　西方的小费不是搭头，是对服务和热情所给予的回报，所以不会超过消费金额的 2%～5%。但是在韩国，无论是给的人还是接受的人都把小费当作搭头，因此金额通常是消费额的百分之几十甚至是百分之百。

　　在古时候的妓院，虽然因为身份和家财的差别，给妓女的小费会各有不同，但一般都是酒水钱的 30%—50%。但是在外国要是给这么多小费的话，人们就会认为对方是另有他意并且拒收，或者只有愿意以其他服务作为补偿时才会接受。

　　在韩国的一个沙龙里，一个外国人喝酒后给了相当于酒钱 5% 的小费。服务员看到就这点儿钱，觉得很无语，又把它退还了那个外国人，并且说："你还是留着给老婆买内衣或是给孩子买尿布吧。"

　　外国人将这话当作了善意之言，非常感激地离开了酒吧。之后他甚至还写了一篇文章赞扬韩国女性的美德，说她们不仅免费提供热情的服务，甚至还关心客人给妻子买内衣这种事。这种文化冲突以及荒唐的行为正是由于在不同的文化圈中对搭头的理解也不同。

搭头意识就像是附着在税收上的毒瘤，造成了所谓的"人情"附加税。古代征税时会多收10%作为"人情"附加税，这些事是给管理谷物的税吏、运送谷物的劳工以及称量谷物的测工的多余的搭头。

不仅是税收，人情味所寄生的地方比国家征收的一切公共费用加在一块还要花样繁多。地方长官因为渎职前去面圣，新任长官若没奉上大殿别监或正院使令公开索要的人情，就一定会吃个下马威。赴任的乡县如果大而富庶的话，这种人情可以达到数百两。而如果有穷困的族人或亲戚、朋友来拜访的话，长官就会背负人情债拨发本票，拿着本票可以找邸吏兑换官米。

向村里的小吏或外村武官请安时必须带着叫作"动铃人情"的贿赂去；打官司或是向官府申冤时也要给好处费，中间官吏收到后会给当事人写个"卜"字。这额外的费用叫做"人情卜"，可以看作是公然索要贿赂的暗示。直到开化期，首尔还遗留有钟路六矣尘米店给汉城府下属巡检一定数量的人情规矩。

这真是充满人情的世界，这正是由韩国人饶头意识产生的极其韩国化的现象。

饶头意识这个毒瘤蔓延至官场时，被称作"官饶头"。用英语来说就是"post premium"，用日语来说就是"役得"。也就是说，韩国人对官位的理解不是西方人那样从职能的角度来把握，而是从该官职所能带来的饶头的多少来把握的。韩国人用官职升降霸占着官位,纵容着这种隐性的饶头,这是大家都心照不宣的隐性收入。

自古以来韩国公务员的薪水就不够日常生活用,这正是因为政府也默认了官饶头,而其影响一直延续到了今天。

比如,暗行御史是隐藏身份冒着生命危险去考察民情的,但是他们所得的报酬却很少。肃宗二十二年黄海道地区微服私访的御史朴万鼎,一行六人,暗访了六十多个县乡,耗时两个多月,然而提供给他的正式旅费却只有正木四匹、白米五斗、大豆五斗、干黄姑鱼三条、咸鱼干六串。如果说还有其他的话,应该就是吏曹判书另外给他的五两银子。一行人在到达目的地黄海道之前,官方给的盘缠就已经见底了。那么,其余的花费都是从哪来的呢?

那当然是暗行御史的官饶头了。但是得到地方长官和富人们的供给之后,暗访又怎么可能顺利完成呢?

韩国人的饶头意识如此这般地渗入到行政中去,甚至蔓延到政治和外交上。韩国人对此并无一点罪恶感,这都是由于在他们身上的饶头意识已经体制化了。

恋母情结

随着时代和人的变迁,父子间的感情逐渐变淡,取而代之的是逐渐变强的义理关系。在现代社会中,父亲在子女面前逐渐失去说服力和权威,并且在子女的人情圈中逐渐外围化,而渐渐成为义理圈中的一员。

劝说绑架分子时警察总是会将犯人的母亲带到现场,没见过谁带其父亲来的。

拿经常离家在外的游子为例也是如此,他们会吟咏"握着母亲的手,转身的瞬间……"云云,像这样抒发与母亲的离愁的内容数不胜数;但是好像从没看见过谁吟唱"握着父亲的手,转身的瞬间……"来抒发与父亲的离愁的。

像这样父亲在子女面前没有什么威严,子女对父亲的感情也不深厚,其原因在于父亲被从子女的情感领域内驱逐了出来,只能徘徊在义理责任的领域里,寻求情感的满足。

然而,有些关系虽属于义理圈,但却必须展示出人情的一面,比如师徒间、同事间、邻里间、论资排辈的上下级间关系等都是受此规范支配的关系。西方的人际关系是由独立的契约、义务、责任等结合而成,而韩国的依存式人际关系在与契约、义务、责任结合之前就已经浑身刷满了互相依赖的粘液质的人情了。

监狱里结成的关系,偷鸡摸狗中结成的关系,在孤儿院等不幸处境中形成的人际关系等,越是这种关系其义理性就越强。因此,并非出于本意,只是因为讲义气而坠入犯罪深渊的义气犯罪在韩国中占据着压倒性比例。

古时候,货郎、屠户组织"衡平社"、巫师组织"风流房"之类的社会团体的凝聚力十分强大,甚至可以用来达到政治目的。这是因为,韩国义理的特性是处境越是艰难就越是靠近人情圈。

即使政见或思想完全不合,也会以是朋友、亲戚或老乡的理由支持某个候选人,这在韩国人看来是理所当然的,然而美国人却不能接受。

过年过节或是出国时,即使不是出自本意也会为礼物问题伤脑筋,这也是韩国人执着于维系义理的思想在起作用。自己不喜欢的同事的欢送会也一定得参加;即使对死者没有哀思也必须前去吊唁;不管是哪个亲家嫁女儿都必须去道贺。如此种种不是出自本意却不得不为之的意识正是义理。

因此,韩国人的沟通交流不是自然而然的,而是礼节性的,这种形式主义路线使我们成为寒暄用语最发达的国家之一。"东方礼仪之国"这一美誉的得来,也是因为为了维系义理关系,导致礼节性的问候语特别发达。这也升华为维系了强韧韩国人义理支柱的巨大价值。

1810年、1836年、1866年韩国的三次天主教大迫害中殉教的人数在世界传教史中是值得瞩目的,而一旦叛教,即使被放也要自行前往官府求死,这种所谓叛教赎罪的殉教案例数量之大也成为传教史上不容忽视的事件。

这与其说是出于对天主信仰的虔诚,倒不如说是出于对殉教的教友的义理意识的强烈作用。如此,韩国人的义理作为积极的意识结构需要重新去审度。

韩国人的被害妄想症

很多时候，一个国家表达其特有的现象或是情况的语言，很难准确地翻译成另一个国家的语言。德语中的"Sehnsucht"就属于这种情况。"Sehnsucht"这个词所要描绘的是院里德国阴冷的气候和因饱受战争之苦而产生的紧张感的充满光明与和平的世界，这是和德意志民族有着有机联系的一种向往。

开满柠檬花的国度不仅局限于迷你香水，还有所有德国人对明媚的南方国度的憧憬。而用与德国境况不同的国家的语言是无法表达出这个词的意思的，因此如果想要准确地表达这种意思，只能原封不动地引用这个词。

法语中的"Esprit"也是如此，它反映了法国人的性情和历史。它既不是德语中的 Geist，而用英语的 Spirit 来表示又显得不够，若用 Wit 则又有点过。像这样某个国家所特有的，或是具有较强的本国意识的语言，很难翻译成外语。

韩语中的"한"（恨）也属于这一类。虽然它原本是汉字，但却已经融入韩国，受到韩国人的意识的影响，相较于原来的意思多少有了

些变化。

"恨"是由表示心的"忄"和表示静止不动的"艮"所组成的会意字。所谓"恨",就是像大树静静地将根扎入地下一样,将心伤默默地珍藏起来的状态。从另一个角度来看,也可以将"恨"理解为对外部的冲击不作反应,只在内心将其接受和处理的过程。在这里"恨"的原意是怨恨,同时,这种"恨"还意味着憎恶是自己产生怨恨心理的外部因素,也为有着这种怨恨情绪的自己感到悲哀。

韩国的"恨"的意识比中国的更为广泛。因为韩国人的文化及价值观认为,外部冲击所带来的紧张不安向内处理是不恰当的,因此只能扩大处理空间。

西方人在遇到外部冲击时,其想法是用外向型的处理方式将自己与外部的冲击对立起来,借此来表达因意见或想法不和而产生的不满,因此这就不会积留成怨恨。

与此相反,韩国人对公婆不合适的言辞、叔叔或哥哥不合理的吩咐,师父废话似的指示之类的不当之言或错误、欺骗时,都不会与之针锋相对以缓解自己内心的不安,而会接受它并在内心积存为"恨"。

还有,在自己的意见与家族或组织、职场等集体的意见不一致时,就算自己的主张再正确再正当,也不会说出来。集体是自己人生的物质和精神基础,若违背它就会沦为局外人,因此不得不让自己的想法被集体的意思所同化。这种遭遇也会积聚为"恨"。

这种怨念积聚起来就产生了韩国人另类的"恨"。也就是说韩国人的"恨"是由怨恨和被迫害意识复合而成的。外向的发泄是迫害,内向的累积则就是被迫害了。

百姓认为自己被官权迫害,穷人认为自己被富人迫害,年轻一代认为自己被成熟一代迫害,在野党认为自己被执政党迫害。这种被迫害意识并不是单方面的而是互相的,就像媳妇觉得自己被婆婆迫害,婆婆也觉得自己被媳妇迫害一样。

警察的管制若很严格的话,市民就认为自己受到了警察的迫害;而为了市民而不顾家庭,彻夜工作的警察则认为自己是受到了市民的迫害。

西方的精神病人中有很多迫害狂,而韩国人中被迫害妄想症患者却尤其多,这也是因为"恨"的构成要素中就包含着被迫害意识。

如果说西方人原罪意识很强,那么韩国人的原恩意识就很强。从父母给了我身开始,以至于"一泼屎一把尿……无以至上"的恩惠,从原恩意识角度来看,父母养我之苦的被迫害意识得到了充分的强调。

母亲们看到长大的孩子会说"真不敢想你是从我肚子里出来的……"、"你小时候可爱哭了……"、"闹灾荒的时候连大麦饭都吃不上,晚上抱着饿哭的你看着夜空不觉也泪眼模糊了……"等老故事,这也是被迫害意识的一种表现。我成长的过程就是父母受苦的过程,这样的自我觉悟正是将韩国人牢牢抓住的原恩意识。

灰色缓冲地带

在非洲肯尼亚养狮子的乔伊·亚当森女士在其手记《野生的艾尔莎》中写了这样一段话:

"艾尔莎在家里长大,房间之间的隔板只要是她能弄坏的,她就会一个劲儿地去破坏,然后在房间之间来回穿梭。"

虽然艾尔莎有感于人情而一直做出种种令人哭笑不得的事情,但毕竟没有形成对人的警戒意识。

如果是在韩国人家里养艾尔莎的话,那她就可以毫无顾忌地对纸糊的屏障门和房与房之间的推拉门搞破坏,并且在房间之间乱跑了。但若是在西方人家里就是另一个样子了。因为房间之间是用坚硬的砖块或混凝土隔开的,门用的也是厚厚的木门或铁门,是完全隔断开的,艾尔莎的"暴行"在这里就无法施展了。

由此就可以看出东西方人空间意识的差异了。

西方人的家完全是私人的空间,而韩国人的家则完全是共享的空间。西方人的房子若锁上门,就是一个连声音都不透的完全密闭地空间,而韩国的纸门或推拉门连锁都没有,更不要说密闭了。因此在西方人的家里,若是出了房间,就像是出了大门一样,和外界相通;而在韩国出了房间就来到了一个既不是外界也不属于里面的缓冲空间,也就是既非黑也非白的灰色地带。

正因为如此,四周环绕着墙壁的屋内空间不像西方的那样单纯,而是充斥着无形的墙壁。西方人家里的庭院起着美化作用,庭院空隙处的小路也仅仅只是用来给人走的。然而韩国人的院子既有美化的作用,也起到路的作用,同时还起着众多具体作用和看不见的忌讳与象征主义作用。

因此,韩国人的空间是多种多样的,韩国人的空间意识特别发达。也就是说,形成了与"缓冲"相结合的美学,韩国人的美学意识便是从这里诞生的。

西洋画是通过鉴赏画出来的物体来捕捉其美,而东洋画则是于留白处理解画的主题,是统观留白和画出的事物来捕捉其中之美。伽倻琴①或是玄鹤琴②的散调是这样,盘索里③也都是如此。盘索里中最有特色的是对不发出声音的默音的熟练运用。松江先生④不是也说过"无声胜有声"吗?韩国式的美学正是源于这种发达的空间意识。

---

① 伽倻琴,朝鲜族弹拨弦鸣乐器。
② 玄鹤琴,韩国传统乐器。
③ 盘索里,一种朝鲜传统曲艺形成。
④ 郑澈(1536~1593),字松江,朝鲜时代中期有名的文臣。

不能侵犯别人空间领域的谦让空间意识,不仅造就了这许多缓冲的灰色地带,还促成了即使空无一物也会在意识内构筑起许多壁垒的感觉。巫师的空间领域与有着正门前院概念的意识领域之间存在壁垒,所以必须通过狗洞穿过后院直到后门才能进入内房。巫师逃跑也必须按着这个空间领域内的路线,否则不被允许。

与此相反,爷爷和父亲在白天是不允许打开厢房的门侵犯厢房空间的,这已经成为意识中的一道壁垒。因此在必须与这个空间接触时,就借可以打开内房门的人——孙子之手来完成。

这种灰色的空间不仅是人们所共有和分享的,也是神灵或鬼魂所共享的。割爱于鬼神的韩国人空间意识,韩国人如此珍视"无所有"的空间意识,使得韩国人在某种程度上达到了精神的成熟,也在某种程度上达到了美学的凝练。

妓女怎能是同样的？

哲宗①时期安东金氏势力的核心人物是领议政金左根②。金左根爱妾中有个罗州妓女，上典的权力全都由此女代行，所有权势都通过此女实现。她的权势如此之大，以至于人们都称她为"罗阁（閤）"，这个称呼源于人们通称为领议政"领阁"。

某天有人问这位"金阁"之妾："您的称号'罗阁'是什么意思？"颇有才华的她回答道："世人对女子的蔑称不是蛤吗？罗阁（閤）即是罗蛤，并不是'阁（閤）下'的'阁（閤）'。"这段对话非常有名。

通津县监林尚贤是金左根的门客，罗阁生日宴会时林尚贤的妾室锦云也去了。她见到上典夫人没有行敬礼，而只是像平辈的朋友一般打了招呼后就坐下了。罗阁的奶娘看到后，斥责锦云的无礼："你怎能如此不懂规矩，不向主人夫人行敬礼，而只以平辈之礼相待之后就坐下了？"听了这话之后，锦云并没有面向奶娘，而是质问罗

---

① 哲宗(1831～1863)，韩国朝鲜时期第25代王。
② 金左根(1797～1869)，韩国朝鲜后期有名的文臣，安东金氏派的核心人物。

阁道：

"你什么时候成了贵人了？你和我不都是出身青楼的低贱妓女吗？只不过你去服侍了领议政大人而我只是服侍了河边的小守令而已。若我们换一下位置，你就不会这么胡言乱语了。阳台云雨本来就是很偶然的事情，也没有阶级之分。可你怎么连个奶妈都教得如此恶劣？"

说完她就甩袖子走人了。

罗阁和锦云作为妾室，其"身份"是相同的。两个人的差异只不过在于前者受宠于领议政，后者受宠于小守令。这里的领议政和守令都是"地位"。即使受宠者和施宠者"地位"和"身份"差异极大，韩国人也会不自觉地将施宠者的"地位"加于受宠者的"地位"上。

锦云的反抗是冲着假借"地位"的虚分来的。但是锦云的反抗只是极少数的例外。因为，在韩国，妻子一向是分享着丈夫"地位"带来的虚份的，尊重这种虚份是韩国人的常识，这也是与韩国人的意识结构相契合的。

掩藏自卑的心理

在日统时代末期，小学生也都被动员参加劳动。所有需要的农具都必须从自己家里带来，有一次我就被分配要从家里带运送粪便的粪车。因为不想做这件事，我就谎称不知道什么是粪车。

话刚说完，一个朋友就当着老师的面告诉我说你们家什么什么地方摆着的东西就是粪车。我那么说并不是真的不知道粪车什么样，所以对这个朋友恨之入骨。老师认为我是觉得带粪车来肯定会被吩咐做很脏的事情，或者是觉得推着粪车走在街上太难为情才撒谎的，于是我就被鞭打了小腿。

但我并不是因为这个才撒谎的，其中还有更"悲壮"的理由。这个理由很单纯。这是一个生活在拥有粪车这种过时物品的家庭中的孩子，为了掩藏自己的自卑而做的流血斗争。

开化期以来，在近代化的过程中，所有韩国人每时每刻都在因为自己西化的生活中还残留有韩国传统生活方式的印记而感到自卑。为了掩饰这种自卑，人们不惜说谎、变得伪善，甚至会发展为犯罪，因之发疯。皇城家里没有粪车这种过时的东西，这是企图脱掉旧式的外衣,披上新式外衣的强烈意志的表现。

世宗①时期的学者姜希孟②在教育其弟子的《训子五设》中说道,两班贵族或儒生子弟即使尿在裤子上,也不可以在公用厕所排泄。

学塾中某个平民的儿子经常尿裤子,训长就让他站到前面来,以其小便都不会为由要鞭挞他,这个平民的儿子就撒谎辩称自己是由于不认识小便桶才如此的。这所体现的就是平民对于两班或儒生的权威以及象征这种权威的行为的无限渴望。

韩国人隐藏起较为劣等的自身,让自己看起来更加优秀,也就是用自己所期望的权威或形式来包装自己。也就是说,比起家里有粪车的劣等的真实的自己,韩国人更倾向于作为没有这种东西的优等的虚假的自己而生活。

一些城市孩子的母亲在听到无知的孩子把水稻说成米树、把麦田说成草地后,还能颇为自豪地跟别人谈论这件事,这也正是她们在不知不觉中被居住在城市的优越感同化了的证据。

就连韩国本土产的优质商品,在宣传的时候也一定要加上和国外某某知名制造商有技术联合这样的"金字招牌",这所体现出来的正是韩国人这种意识结

---

① 世宗(1397~1450),韩国朝鲜时期第4代王,在位时建立集贤殿,选拔人才创制了韩国文字《训民正音》。
② 姜希孟(1424~1483),韩国朝鲜初期有名的文臣。

构的缺点。必须顶着与国外制造商联合制作的权威或招牌才能获得消费者的满意,这一心理也是由此所致。

"七八岁狗都嫌"

虽然人都是独立的个体,但是在一些文化圈里人们在人际关系上比较独立,而另一些则相互依赖性较强。例如,沙漠或游牧地区的人们若不是成熟独立的个体就无法生存,这是由自然环境造成的。

因此,在以这种环境为背景形成的欧洲和伊斯兰文化圈中,人们都是成熟独立的个体。但是,在季风区则又是另一个样。这里受益于温和气候孕育出了农耕文化,农耕无法像放牧一样独立完成,因此也就形成了集体式的人际关系。

所谓集体人际关系也就是由互相依靠的依存式的个体组成的。让我们来看看韩国人生活圈中的这种关系。刚刚出生的婴儿完全依赖于母亲,当然,西方的婴儿也依赖于母亲,但是相对于韩国人来说依赖的时间较短,密度也较低。

韩国母亲和孩子之间的关系与其说是依存式的

个体关系，倒不如说是倾向于一个统一体。不分昼夜整天都贴着母亲的皮肤，靠母亲的体温维持着自身的体温，这就是韩国的孩子。枕着母亲的臂膀，脸埋在乳房间，睡醒了就直接含着乳头。如此亲密的母子关系在国外是不存在的。西方的婴儿大部分都在摇篮里长大。中亚地区的人们在摇篮上拴上奶瓶，孩子若是饿了哭闹的话嘴巴就会碰到奶瓶。中亚地区的这种做法不仅激发孩子独立成长，也让他们从新生儿时期就开始独立觅食。

学者认为，从中亚的摇篮到济州的背篓摇篮，再从济州的背篓摇篮再到日本的背包摇篮，这些都是由骑马民族传承下来的。但是为什么也曾是马背民族的韩国人没有这样的摇篮习俗呢？这就是因为依存式的意识结构无法容纳独立的人际关系，所以会排斥中亚的那种培养独立个体的摇篮。

在这种相互依赖的环境中长大的孩子，七岁左右会将依赖体对象从母亲转移到朋友身上。"令人讨厌的七岁"这句经验谈并不是说这个年纪的孩子会做很多淘气的事而惹人讨厌，而是从母亲角度来看的讨厌。也就是对于不再将自己作为依赖对象的孩子，母亲通过厌恶之情表达了自己的嫉妒心理。

而在这个年龄段，西方孩子会进入宿舍生活。寄宿生活就是对独立个体的共同训练。寄宿生活是一个摸索个体生存方式，并使独立的个体成熟的过程。

韩国孩子上学则意味着将依赖的对象变成了老师，即依赖对象本身的变化。老师担任依赖对象对孩子进行全方位的照顾，而家长也将孩子全权托付给理想的老师。

因此，比起独立的、能动的学习，韩国学生更倾向于通过教学被动地接受知识。也就是说，西方的孩子喜欢要求老师进行指导，并主动学习，而韩国的孩子则是跟着老师学习，受到老师的教导，被动地接受知识。

韩国的大学教育也是如此，最常见的情形是学生通过讲师的讲义吸收知识，而教授也将讲义作为教学手段。美国大学生会自学老师选定的某本学术著作，并将在学习过程中产生的疑问或是相反观点拿出来和老师、同学们讨论。韩国大学生被动地接收知识，美国大学生则是自主地学习。

在这种环境中长大的韩国人，大学毕业进入职场时也会对职场产生依赖感。就像小时候对母亲，学生时代对老师的依赖一样，对职场的依赖是全方位的、一生的依赖。

西方人凭借自己的资历、才能或学历与公司签约并踏入职场。他们就像是大机器的零件，只要履行自己的职能就可以了。但是韩国人在踏入职场时仅靠客观合理的条约是不行的，还要加上家族、人情方面的归属。也就是说，不是作为独立个体对契约的归属，而是附加上所有人性的东西、依存式的归属。

韩国人的生活圈始终是贯连着并相互依赖的，这种依赖是与韩国人特有的意识构造相伴的。

人性经营管理

所谓紧张感,就是当人接触到新的状况时,由处理状况的新的心态中所产生的自我意识的表现。人们的生活每天都有着或多或少的变化,随着变化多少会产生一些紧张感,而与之相应地,这会有助于维持自我意识。如此就体味到了生活的味道,也体验到了人生的意义。机械式的工作剥夺了这种紧张感。动作越是熟练,越是轻而易举,就越单调,自我意识也就越弱。在做单调的工作时要么哼歌要么一起闲谈,这样可以使工作韵律化,减少倦怠感。不仅如此,哼歌、闲谈还可以将陷入单调枯燥中的自己解救出来。

当人们因为单调的工作而变得机械化时,就出现了自我疏离感,而这种疏离感并不仅仅是从事机械工作的人们所特有。白领每天重复的机械式的业务工作也同样是单调而枯燥,只不过办公室环境使人们体会到的单调感比单一的作业少一点而已,然而就像"事务性职业"所暗示的那样,办公室职员们的思考和感觉的主体意识的丧失以及他们本身的机械化也是不容忽视的。

也就是说,公司、工厂、政府部门等都无法摆脱人类机械化的宿命。如此严重的反人性毋庸置疑是提高工作效率的致命杀手。因此，即使说未来的经营管理是否有效取决于其是否能够弱化或极小化这种疏离感，也不是夸大其词。

西方通过环境管理、人类工程、劳动心理管理、性向管理等科学合理的方法来谋求疏离感的最小化，但事实上它们所收到的成果反而在客观效果上起到有伤人性的反作用。也就是说，他们并未在人性和感情方面弱化疏离感，而是通过机械式的弱化来达到目的，这正是西方式的人员管理的主要理念。西方人的意识属于机械式，而韩国人的意识属于人性化，可能只有韩国人才能找回渐行渐远的人性。

韩国人找工作时，或者说成为某个集体的一员时，是全方位的求职、全方位的归属。而西方人根据自己的能力、技术、特长、劳动时间、劳动量等签订适当的契约。也就是说，西方人的求职仅仅是求职，而韩国人则不同。对集体的全方位归属是指，不仅在职务方面归属，在个人关注的事、对未来的期望、个性、爱好、兴趣以及家庭等方面的归属，并希望在集体内部解决问题、取得成就。

因此，西方人在单位里产生的挫折或不满仅局限在职务上，而韩国人则会被无限放大。但是，在这些被无限放大的项目中，如果有任何一个被满足或有了希望，这种感觉也会被投射到各个方面，激发出前所未有的工作效率。

像西方那样客观式的管理,工作效率最多提高10%,但是若受到人性经营的刺激,将自己全身心地投入到工作中去,劳动质量或效率能提高100倍以上。

根据一项研究报告,机械式的工作和动员全部的知识、情感、意志的自发式、主观式的工作,其单位时间内作业量的差异最大可达350%。西方人通过合理核算却无法实现的工程,韩国人却有可能完成,这也是由全方位的归属诱导出全方位的投射而达到的。因此,职场或集体中管理韩国人时不仅要从职务、业务层面管理,还要统筹观察、理解、探知其所负任务之外的一切情况并好好经营。

韩国人归属于某个集体时是全方位的归属,因此不能仅靠职务层面的管理。必须考虑到沟通心理的微妙联系,辅之以相应管理。不论哪个韩国人,在进入一个集体并成为其中的一员后,就再也无法离开这个人际关系网。然而即使这个特性如此重要,仍有不少公司忽视了人性经营。我们必须通过经营管理,获得更多的尚未被挖掘出来的经营成果。

集体由人组成,而其成员之间的相互关系构成了人际关系,集体中的人际关系在韩国人的意识结构中有着重要地位。当然,外国也很重视集体和职场的人际关系,但是他们更重视的是业务关系,而韩国人更看重的是人际关系。

飞向韩国价值体系里的飞蛾

公州鸡龙面巢鹤里有个叫作向孝浦的村子。古时候这儿被称作孝家里,村子前的河叫作血痕川。

向孝浦是新罗时期有名的孝子向德的家乡。为了喜欢吃肉的母亲,向德曾经常去打猎,但后来他得到了五圣类聚化身赐予的佛心,决定不再杀生。而他又必须给母亲奉以肉食,这让他陷入了两难的境地,苦恼的他最后在村前河边割下自己的大腿肉,做成肉食,端上了母亲的餐桌。

杀生以尽孝,还是不杀生做个不孝子的矛盾是儒教和佛教思想在韩国融合过程的一种表现。五圣类聚的和谐思想产生于并不怎么排斥异质文明这一韩国固有的特质,是韩国固有思想的组成部分。向德的自虐行为所体现的也是儒教和佛教两种不同文明的相互兼容。

韩国人的自虐传统是无视异端的融合倾向导致

的必然结果。

我曾经淌过因向德割肉而得名的血痕川,造访了向德故居。

据说住在这所房子里就会产生孝顺的子孙,因此它的房价甚至比其他的要高出三倍。还有,据说因为得到此孝脉的保佑,在新罗之后向德的族人中又出现了十几名孝子。

孝习中还有一个奇特的行为是尝粪习俗,也就是舔病中父母的排泄物的孝行。虽说是为了证实粪甜病情无好转、粪苦有好转的传言是否正确,但这仍然是相信通过舔病痛中的父母的粪便这种极端的苦行,有可能使父母病情好转的原始思考方式的残留。

纯祖时期获得旌表的锦山孝子李喜福,据说在父母卧病在床的六年间一直坚持着尝粪的孝行。这传闻流传甚广,甚至他家还被称为"福拘(狗)",因为获得旌表是福,而尝粪是狗的行为,所以起了这么个讽刺的名字。

孝习中最常见的是当病中的父母想吃什么的时候,即使当季无法弄到,也会通过至诚的孝心感动天地而获得。例如,寒冬腊月冰冻三尺之时,生病的老母亲想要吃鲤鱼,孝子就去江边凿冰,然后向上天祈祷,结果一条一尺多长的鲤鱼就跃上了冰面。寒冬腊月婆婆想吃黄瓜,孝顺的媳妇就向上天祈祷,于是黄瓜就奇迹般地出现了。

孝习是对接受病中父母意愿的至诚的夸张,大部分都是为了美化孝子孝女而表现出了这种一贯的姑息性和虚构性。

这种习俗是对韩国孝习起到决定性影响的中国二十四孝中王祥孝行的滥觞。王祥是晋朝人,他对继母朱氏的孝行远近闻名。继母只疼爱自己所生的王览,但王祥对她很孝顺。继母冬天想吃生鱼,王祥就去结了冰的潭上,赤身裸体地祈求天神,于是就有两条鲤鱼跃到了冰面上。二十四孝中还有个叫孟宗的人,侍奉寡母很用心。母亲隆冬时节想吃竹笋汤,孟宗就去竹园祈天,结果地上就冒出了四五棵竹笋。

这种王祥式和孟宗式的孝习被当作规范来接受,形成了所谓的至诚习俗。这种至诚被夸大,被记录成天降的奇迹。这样一系列的至诚孝行的社会体制在遇到战乱或是胡乱等危机时,往往会被发挥到极致。

宣祖时期参判李邃的母亲活了一百岁,在当时成为奇谈,因为她是仰仗三个有情有义的孙子的牺牲才活了这么久的。李邃有三个儿子,长子李文耆,次子李文芝,三子李文莉。三个儿子在陪伴奶奶和父亲避难的途中遇到了倭寇。

父子四人拔出匕首御敌。但是御敌的目的并不是为了抵御侵犯我们国家的倭寇,也不是为了保护集群的安全,其目的只局限于保护奶奶。

最开始为了保护奶奶,父亲的耳朵被切掉了。接着长子文耆也帮奶奶挡了一刀死了。次子文芝在前面奋战,为夺刀与敌同归于尽了。三子文莉比较明智,与其一起被动地死去,他选择了能动地死。他让失去了耳朵的父亲背着奶奶先逃走,然后独自抗敌,只为赢取逃跑的时间。在十个手指依次被切下,身负16处伤的情况下仍然坚持战斗的文莉最终也死去了。真是了不起的孙子们。作为韩国尊重长辈的精神的典范,这是光荣的牺牲。但是相比于寻求集体御敌共同活下来的可能性，韩国精神价值体系中像飞蛾扑火般的殉教是否就一定能得到历史性的赞扬呢？作为韩国社会的落后部分，我们应该对类似的价值体系中的非理性的义举重新进行审视。

缺乏远见

皮肤触觉的发达弱化了韩国人的空间概念,韩国人的空间概念落后于触觉概念导致其对距离没有西方人敏感。

爱德华·霍尔[①]在牛津袖珍英语词典中查找像together、distance、over、under、linked 这样具有空间意义的单词,发现这类单词有 5 000 余个,达到了单词总量的 20%。虽然没人对韩语做过这种调查,但是在学生时代我也曾为翻译英语的 on、at、in、over 等空间介词而头疼,因此对韩语中空间用语的贫乏也十分清楚。

视觉型以主体为基准去感受与客体之间的距离;触觉型以客体为基准,主体在其周围运动。因此相较于远处的东西,触觉型对越是近的、没有距离的东西

---

① 爱德华·霍尔(1914~2009),美国人类学家。

越有感情。家庭→公司→同学→小区居民→街道居民，亲密度是按照这个顺序依次下降的。夏威夷或洛杉矶的韩国人高中同学会也可以看作是韩国特有的触觉型意识结构的产物。

在考察丝绸之路的时候我曾经参观过波斯伊斯法罕的四十柱宫。这座宫殿实际上只有二十根柱子，但是加上投映在水上的二十根就好像有四十柱一般，让人产生很宏伟的幻觉。这座宫殿的设计很是精密，运用远近法将水中的倒影都计算进去了。这在触觉型意识结构中是不可能建筑出来的。

韩国古代小说无一例外只着重于故事的主干，其余背景都被忽视或是轻描淡写地带过。拍照时，韩国人也和西方人不同，我们喜欢以被拍摄物为重点。在诗歌方面，韩国古诗或时调都是一个个完整单句的集合体，而不像西方的诗那样要通读全文才能明了意思。

长篇小说是短篇小说的堆积，政治是不看长远而只注重现世的权力、在职期间的国会政策等触觉式片段的累积。

我们的精神遗产虽然以感性著称，却没有放眼未来的远见。

"精打细算"的音乐

若是你跟商人们说让他们不要太过于精打细算，虽然这不是什么过分的话，但他们也不会听。让经商人不要太精打细算就等于是叫他们不要做生意了。

我们的祖先一向轻视钱财，并且因为轻视以钱财为中心的算计，一直过着清贫的生活。但是，之所以在现在这个时代仍去审视不精打细算这一传统思想，并不是要将之用于以金钱和价值为根本的经济和经营中去，而是因为如果经营者在人性经营、人力经营上充分利用不精打细算的意识的话，能够取得良好的经济效益。

据说，近来一些企业为了提高业务能力，开始注重对外部的客观环境的投资。为了提升业务技能，工业工程学业开始受到关注。

我曾经访问过美国一家大型皮革厂。在问到为什么要在切割皮革的刀具刃上涂上黄漆时，他们回答我说,虽然这是自动切割机,但为了尽量减少边角料的产生就必须有职工的密切监视,涂上黄色是因为这种颜色特别醒目。

在日本也有这样的事情。我从某个商场购物出来时,有个店员非常热情地打招呼,并且说若同意接受一个简单的调查的话,就会得到一件小毯子作礼物。这个调查真的很简单,问题是"您在商场内购物时有没有注意到播放的音乐?"我因为没听见所以打了"×"。我觉得这个问题很奇怪,就询问了店员,然后才知道商场里播放着和嘈杂声同等分贝的音乐。这虽是很容易被购物者忽略的声音,但却巧妙地利用了音量,让在店内工作的店员能听音乐声。

这并不是为了让职工保持良好的情绪而播放的音乐,而是使职工工作时手脚更麻利的音乐。这音乐一定会是巴赫或维瓦尔第的管弦乐,因为巴洛克音乐的基调由有序的旋律组成,工作的人听到这种律动的旋律后,就会不自觉地加快手脚动作。

依赖于产业工程学的业务技能提升与企业经营者的利益有着密切的关系,但同时也两点缺陷。第一,将人用客观条件机械化会使之产生憎恶感;第二,会产生自己是遭受间接剥削的奴隶的耻辱感。而当工人意识到这种憎恶感和耻辱感,再去工作时,其工作效率还能否提高很值得怀疑,甚至有人开始怀疑是否应该将工业工程学导入企业经营。不得不说,对人员经营如此精打细算的金钱经营可以说是西方经营的一大弊端。

这种将工人当作庞大机器的一个优秀零部件式的西方经营,即使无视非人性的风险,也只能将工作效率提升到某个有限的程度。

让我们不要将工人当成机械化的零部件,而是将主观意志和感情应用于工作中。当然,这种人员管理若太过急进,效率则会一落千丈。但是如果能够运用好这种人员管理,工人的工作效率可能会达到运用产业工程所能提升到的最大高度。

所以我们可以总结,人性经营是非常重要的。幸好韩国人传统的非精算意识构造已经体制化,所以拥有其他任何国家所不具备的优秀的人性经营。

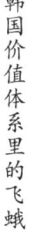

贬低自己才安心

在韩国人的人格形成过程中,将自己贬低为愚钝或愚蠢的弱化自己的倾向占据了很重要的地位。也就是说,将"痴愚"作为成为士人的重要条件。

宣祖①时的名臣右议政郑琢②曾在学者赵植门下学习。年轻的郑琢在向老师道别时,赵植说:"我家有头牛,你牵走吧。"郑琢摸不透这话是什么意思,一脸疑惑,赵植接着说道:"你反应敏捷,意气风发,恰如疾快敏捷的马。而快马容易摔倒,只有愚钝缓慢的思考行动才可以走得远,这就是我送你一头牛的原因。"也就是说,老师送给郑琢的牛是象征着愚钝和愚蠢的心灵之牛。

词语有褒义贬义之分。愚钝、痴愚之类的词是贬义词,但是古时我们的祖先在给自己取号或字的时候却偏好这种带有贬义的词,这么做正是韩国人弱化自身的意识结构的表现。

---

① 宣祖(1567~1608),韩国朝鲜时期第14代王。
② 郑琢(1526~1605),韩国朝鲜中期有名的文臣。

比如，拙斋、百拙堂、拙作翁的"拙"；思讷、讷人、讷斋的"讷"；晦斋、如晦的"晦"；小癡、癡轩的"癡"；大痴、痴人的"痴"；守愚堂、大愚、愚伏的"愚"；稚溪、稚晦的"稚"；哑轩、哑盲的"哑"；聋严、聋哑者的"聋"；迂拙子、迂轩的"迂"；不敏、不器的"不"；无学、无能发的"无"；钝斋、钝严的"钝"等。这种用含有愚笨、蠢钝含义的贬义词作号或字的例子有很多。

从韩国人的称谓中也可窥见自我贬低的习惯。称自己为"小生"、"迂生"、"不敏"、"不肖"；尊称别人的妻子用"令夫人"、"令闺"、"御夫人"，贬称自己的妻子为"愚妻"、"山妻"、"荆妻"、"寡妻"；尊称别人的子嗣为"令息"、"令爱"、"龙孙"、"凤孙"，贬称自己的子嗣为"愚息"、"愚女"、"豚儿"、"犬子"。

还有，尊称别人的手足为"令兄"、"德兄"、"玉昆"、"贵姊"、"令妹"，贬称自己的手足为"愚兄"、"愚弟"、"愚妹"。别人的意见为"卓见"或"高见"，而自己的意见则是"愚言"、"卑见"。

实学家李瀷[1]提出，韩国人之所以自称"小人"，是因为自己不是"大人"，要以卑贱的身份依附于"大人"。也就是无法从代表大人的官僚、上级、学问家、富人之类强者的世界里挣脱，而是拼命往里挤。因为若无法进入，就会成为不被众人容纳的局外人，连生

---

[1] 李瀷(1681~1763)，韩国朝鲜后期有名的实学家。

存都会受到威胁。李退溪①以自己的经验举了这样一个实例。

有个姓吴的人,他在自称的时候从来不用"小人"而是用"我",因此为众人所不容,结果被逐出了村子,只能生活在一间脱离人群的屋子里,死后好几天才被人发现。此人大胆地抵抗意识体系,结果只能变成一个局外人,孤独地死去。

如李瀷和李退溪所例证的那样,韩国人的弱者心理是其生存的条件,为了适应生活,助长了这种弱体意识。为寻找弱者存在的理由就要站在弱者这一边,感弱者之所感。

这种与弱者共鸣的意识对韩国小说的形成也产生了莫大的影响。

在韩国古代小说中,主人公大部分都是弱者,这种弱者的弱小,主要通过不断加深的不幸使读者产生共鸣。而无一例外,读者本身的弱小感则在这种共鸣中逐渐被弱化。

在《兴夫传》里,兴夫非常穷困,受到富人的虐待还艰难地活着,这种强调弱小性的内容正是故事的主线。而《沈清传》、《春香传》、《蔷花红莲传》等,其主人公也都是受到不同的强者虐待的弱者。最近的电视剧也都以穷富者之间的矛盾、老百姓的悲欢等为主线,这种设定迎合了韩国人与弱者共鸣的意识,是讨巧的行为。因为只有这样才能维持电视剧的收视率,这是从韩国人的意识结构中得出的经验。

韩国人的不幸同外国人的不幸有着心理上的差异。韩国人对自身的不幸或不得志都放得开或能自我安慰,他们通过"别人也都如

---

① 李退溪,即李滉(1501~1570),朝鲜李朝唯心主义哲学家。

此"这种共鸣对之进行消极的压抑。不仅是消极的安慰、放开、共鸣,甚至还形成了类似的弱小是美好、合理的弱者主义等思想。这是虐待自己以获得快感的受虐型的想法,认为幸福是强者的,弱者只能承受不幸。

为消除不幸,韩国人要么忍受它,要么找个理由自我开解,要么自我安慰,要么认为它是别人都会遇到的平常事而弱化它,将其原因都归结为自身,并用自责、自罚的方式来处理它。这都是弱者的解决方式,是依赖于弱者之间的共鸣的解决方式。这种弱者意识是韩国人的特殊的"恨"情节形成的重要原因。

是外来文化的主人

只有当外来思想或异质文明侵犯了与自己密切相关的领域时，韩国人才会对其产生抗拒。韩国最初的天主教迫害起源于正祖[①]时天主教信徒尹持忠烧毁母亲牌位的事件。在韩国人的价值观中，牌位甚至是比生命还重要的，从这个角度来看，这的确是对与自己相关领域的严重侵犯。也就是说，在与家族或祖先等与自己关系密切的概念发生冲突时，韩国人的反应很剧烈。

作为开化思想其中一环的断发令在下达的时候，也因为要剪短相当于祖先遗体的头发而受到了抵制，甚至导致了自杀、叛乱等激烈的反抗事件。但是只要不触及这样的方面，无论实施多激进的开化政策都不会遭到抵抗。

1920年9月荣州文亭里信奉基督教的朴圣化禁止其妻向死去的婆婆朝夕上食，其妻认为"基督教若教理正确是不会教人抛弃父母的"，遂一切如常。事情发展到最后，妻子于后山埋下婆婆的牌位，跳

---

① 正祖(1752～1800)，韩国朝鲜时期第22代王。

崖自杀了。这件事在当时成为一个很大的社会问题。民族领袖、基督教领袖李商在先生也坚信必须将耶稣之心同化成韩国式的,因此即是说基督教是禁止上食的,他也认为这位丈夫做得不对。

强硬派教会领袖梁柱三牧师认为祭祀是迷信风俗,因此对这起事件中妻子的行为进行了谴责。儒学家金允植等认为"若不让我祭祀,即使我想信基督也会不去信它",对梁柱三的观点进行了反驳。

梁柱三牧师的批判引起了全国儒士的反击,导致了教会投石事件,甚至造成拒绝与基督教徒通婚现象的频发。

这种对异质、异端的宽容来源于对所有神一视同仁的多神制萨满教,以及赋予世上万物存在理由的多神教的思考方式。同时也因为与每间房都上锁的西方锁文化圈相反,韩国属于柴门文化圈。

我曾经读到过发生在美国一所公寓里的一起事件的新闻。房主为了催促欠了几个月房租的租客交房租,在没有事先打招呼的情况下进入了公寓,结果被告非法闯入他人住所并且最终败诉。

与之相比,我国是怎样的呢?现在在农村也仍然是即使陌生人推开一直开着的柴门进入院子里坐在地板上也不成问题。隔开房与房的九宫格纸门也只是尊重隐私的人们之间所通用的精神层面的隔离,并不是西方式的物理隔断。

外来的异质、异端文化只要不侵犯与韩国人密切相关的领域,即使打开柴门进到人家深处坐在地板上都不会被认为有什么不对劲,反而还会受到很隆重的接待。因此,无论是韩国通俗实存主义还是新左派或牛仔文化,或其他任何外来文化都可以不受拘束地打开柴门,穿过院子坐到地板上像主人般吵吵嚷嚷。

自虐的离别习俗

《裹裨将传》①中爱娘恳求即将离开的郑裨将拔下象征爱情的牙齿给她。

"粉壁纱窗下对坐而视时,你那婴儿般天真欢笑的前齿,请拔下来给我吧。我会用手绢把它包起来,置于玉盒中,当你的身影总浮现在我眼前,声音总回荡在我耳边时,我会常常将它拿出来以解相思之苦。小女子死后会将之放在棺内一角,那岂不等于是合葬为一体了吗?这是多甜蜜的一件事啊。"

在爱娘的恳求之下,郑裨将拔下牙齿送给了她。为了获得爱情这一精神价值不惜虐待自己的习俗不仅仅是故事书中杜撰的虚构情节,在韩国娼妓界也是很普遍的习俗。朝鲜初期学者徐居正②编纂的《滑

---

① 韩国朝鲜末期韩义小说,作者及创作年代不详,讲述了裹裨将的故事。
② 徐居正(1420~1488),韩国朝鲜初期有名的文臣、学者。

稽传》①中也记载了以离别时拔下牙齿的自虐来保卫爱情的习俗。

某个爱上庆州美妓的长安少年即将离开。美妓拉着他的衣角哭得特别伤心,于是他就留下前齿回京城去了。之后他听到此妓与别的男人寻欢的传言,就赶到庆州要求将他的牙齿归还。这时,美妓大笑着说:"责备娼家无义,就像叫屠夫戒杀一样蠢。"

作为爱情象征的伤齿自虐习俗在娼妓界很普遍,这在六堂崔南善②的白话中也有所体现。长安名妓们将收到的名士的牙齿放在梳妆台的抽屉里,之后常常拿出来回味。每颗牙都用韩纸捆绑好并在末端写上某某大人、某村进士等牙齿主人的名字。

人们总是排斥与情人的离别,越是情深,排斥反应越是大,且希望将这份情用具体的物证保存起来。这种将肉体的一部分作为爱情证据的想法是极其韩国式的。也正是韩国特有的,用自虐式解决某情境的意识结构在离别中的体现。

拔牙是男人的自虐,而女人则有烙印这种凄惨的习俗。

李仁老③《破闲集》④中记载着这样一则关于凄惨离别习俗的故事。南州有个叫乐籍的地方,一个官员任期到了准备回汉城,不得不与任期中产生感情的妓女分别。就像所有的恋人那样,他们想用某种方式永远记住这份爱。于是在离别前夜,可怕的残害行为开始了。官员拿着蜡烛,在裸体雕像般站着的妓女身边来回走动,烧灼她的身体。这种火烙将全身烧得体无完肤,而这个女人则将疼痛升华为了

---

① 《滑稽传》共 4 卷,徐居正所著,专门讲述了当朝有名人士的奇谈怪事。
② 崔南善(1810~1957),朝鲜诗人,记者,历史学家。
③ 李仁老(1152~1220),韩国高丽时期有名的学者。
④ 《破闲集》共 3 卷 1 册,李仁老所著,有名的诗话集。

爱情。

　　官员就这么走了。几年后,官员路经此地时打探此女的消息,听到人们说她因为烙伤浑身溃烂,只留一片丹心活了下来,官员在绸缎上写下了一首诗,托人转交给了她,诗文如下:

> 百花盛开的花丛中,
> 只有你的笑靥。
> 狂风大作,
> 只为夺走你的朱红。

　　男人的无情大抵如此。这种火烙施虐的离别风俗偶见于朝鲜末期的各种文献,这很好地例证了韩国人用自虐表达爱情的行为。

阿拉伯人的荣誉观

阿拉伯人将儿子多当作是最大的荣耀。当然韩国人也喜欢儿子,因此开化时期甚至还引入了欧洲人的"boy mania"一词。但是他们只是将生儿子当作由保存血缘族亲的家族中心主义派生出的义务,并不像阿拉伯人那样将之当作一种"荣誉"。虽然我们也说多子多福,但还不至于认为多子是一种光荣。

阿拉伯人还将所从事的工作作为判断光荣与否的标准。比如在阿拉伯人中占有很大比例的贝多因人,他们将放牧骆驼看作是很光荣的事,但认为手工操作的农事活动不那么光荣。

虽然我国也将职业贵贱分为士、农、工、商四等,但并不是说做农夫很光荣,做商人没什么好名声。阿拉伯人的荣耀还来源于对敌时的自卫能力,即和勇敢有关。因为阿拉伯人过着游牧生活,所以若被所属集团孤立的话是无法生存的。因此阿拉伯人对个人在集体的团结力、防御力、攻击力中的贡献有着要求,并受到以此为标准的教育。

因此在阿拉伯国家勇气成了荣誉的象征。偶尔也有向强于自己的部族支付保护费寻求保护的情况,但是这样的部落或个人无论多有钱都会为此感到羞耻,名声扫地。

阿拉伯人认为根据宗教规则进行的袭击或掠夺都是光荣的,若不参加这类袭击则是不光彩的。而受到其他部落袭击时,保护自己的家畜或家产也都是光荣的。

我在沙特阿拉伯的吉达地区附近旅行时,曾经为了买一瓶可乐将车子停在小卖铺附近一户人家门前。这时,一个中年贝多因人向喝着可乐的我传话,和我同行的贝多因翻译对他的话做了如下释义:

"既然你把车停在我家门口,你就是我的客人。你必须到我家里喝杯茶再走。"这是强行接待的语气中夹杂着些不快的款待。之后我才知道,阿拉伯人认为热情的招待客人是一种光荣,若是疏忽了或是草草了事则会很不光彩。

因为被茫茫沙漠与外部阻隔,游牧民族很欢迎并慎重对待到访的客人,所以阿拉伯人形成了这样的荣誉观。

在阿拉伯人的这众多荣誉观中,最有分量的当属有着生殖能力含义的男子汉气概和对部落集体的忠心。贝多因价值体系中的荣誉观是典型的游牧式的,因为多子和以此显示出的旺盛精力与部落利益有着直接的关系。

也就是说集团的安全和延续取决于该集团内有多少男人,因此女人的价值在于婚后能生多少儿子来增强部落的实力。由此可以看出，任何一个民族或种族的名誉观都由该民族或种族的生活环境、聚落构造以及生存手段决定。

那么韩国人的荣誉观是怎样的呢？韩国是典型的定居型农耕聚落。与以部落为单位移动生活的游牧民不同，韩国人以家族为单位形成一个个村落，世代相传，定居生活。很显然，定居生活需要身份制度和相互间的义理制度，也就必须遵守"分"和义理。

遵守"分"和义理是静态的定居型农耕社会得以生存的条件，韩国人眼中的光荣就是能够很好地遵守"分"和义理。人们经常提到的欧洲名誉观代名词"西班牙人的勇气"或"德国人的光荣"，都是会在名誉受损时引发勇敢决斗的，而韩国人的"分"和义理并不是针对外部的对决行为，而是内部的调和。

男尊思想的巅峰——祈子咒术

本文将通过祈子咒术习俗揭开韩国本土男尊思想的另一面貌。首先让我们来看一下韩国各地仍然残存着的削石佛鼻磨粉吃以祈求生子的习俗。

韩国人认为鼻子是男性性器官的象征。他们认为鼻子与性器官大小成比例,有很多与此有关的俗语。因此选女婿时也有选鼻子大者的隐秘习俗。《沈清传》中春心荡漾的并德妈给大鼻子小伙子买麦芽糖的情节也是暗示其生殖器大。

这种性器官的象征咒术与渴望儿子的男尊思想相结合,导致韩国人认定石佛鼻子具备生子咒力。由于认为石佛鼻是生子良药,全国各地分布的石佛及摩崖佛像的鼻梁都消失了。不仅是露天石佛最多的庆州南山石佛群,甚至在全国也都已找不到尚存鼻梁的石佛,这都是受此习俗影响导致的。我们差不多可以将无鼻石佛理解为韩国人渴求儿子心埋的直白表现。

此外，我们的祖先们相信将石碑碑铭中与儿子有关的汉字挖出来磨成粉吃就可以生儿子，认为"子"、"男"、"文"、"仁"、"义"、"礼"、"智"、"勇"、"剑"、"笔"等咒语性字眼都带有生子咒力，因此在很长一段时间内都"孜孜不倦"地破坏着石碑。

成欢邑的国宝7号奉先弘庆寺碑碣上刻着的汉字中也有很多男性名词被挖去，这就足以例证此习俗。

韩国还广泛流传着通过盗窃禁绳获得生子咒力的习俗。韩国人生了孩子要在门柱上挂禁绳，根据孩子的性别挂在禁绳上的附属物也不同，被盗的都是生了男孩的人家的禁绳及其附属物。韩国人认为将偷来的禁绳挂在想生孩子的妇人房里，或把绳子做成饭吃下的话就会生出儿子，而禁绳若被偷走的话会连保佑生子的女神三神一块偷走，因此为了防止禁绳被盗，生儿子的甚至会在半夜还看守着禁绳。也有不挂在大门柱上而悬在房门上或屋内门上的，而京畿道杨平地区为防三神被抢走则干脆不挂禁绳。

还有一些地方会将挂在禁绳上的表示生了儿子的辣椒偷走，挂在屋内或放进酱坛里，甚至相信吃了这个坛子里的大酱就会获得转移而来的生子咒力。因此庆尚南道河东地区有的新娘子去新郎家时，看到新郎家所在村里某户人家悬挂着表示生了儿子的禁绳，会将其取下挂在自己的轿子前面。而事先选择挂有禁绳的路线让轿子绕路走更是司空见惯的事情，这也是一种祈求保佑生子的三神的祝福的习俗。

与此相反，孩子太多、不想再要孩子时也会采用咒术避孕法——重金买下只有一个儿子的家庭的禁绳，挂在想要绝育的夫人卧房里。

此外，有些人还会设法得到生下儿子的产妇的内衣，或偷取其洗净晾干的衣物并缠在想生儿子的妇人腹部,相信这样就可以获得怀子的咒力。不仅是产妇的内衣,有些人还认为多子的女人的月经带也有同样的咒力,因此也有偷月经带的习俗。

同时,韩国人还相信偷取多子家庭的菜刀,将其打成小斧子作为饰物挂在腰带上就可以生出儿子,所以有人会在斧子上刻上生子信仰的象征——七星。女儿出嫁的时候,母亲会悄悄将这类祈子饰物绑在女儿的裙尾,这是在女性中间流传的风俗。

还有人认为将出丧时灵车前竖着的功布做成内衣穿就能发挥生子咒力,而越是贵人的功布就越有价值。甚至还有想生儿子的女人们为争夺在墓地烧掉的功布而大打出手,最终还被立案的事件。人死灵魂不死,而是以新生命的形式再次降临。韩国人相信生命轮回,因而认为将附着了死者灵魂的功布做成内衣穿,会将生命注入腹中,而功布化衣习俗正由此而来。

1928年8月,管理韩国王室的李王职修缮忠南礼山郡新阳面进礼里的显宗胎封山时,在动土的时候,附近村庄的妇女聚集到那里,为得到胎封石棺里的朱砂引起了大混乱。这正是因为自古就有吃下胎封的朱砂就会诞下贵子的说法。

还有记载说,韩国有一种习俗是当秋天稻子成熟时,从一百块田里各自拔下一穗稻子并将其做成糕,然后夫妻和婆婆三人悄悄地到潭边以此糕祭地神以祈求生子。

韩国还有直接加诸肉体的医疗习俗——盐敷，就是把青盐和麝香磨成粉，与面揉合后填在肚脐凹处，之后再以艾草热敷。甚至还有无子的女人做了两三百遍艾草热敷的记录。

这种不正常的火烙温脐种子法直到近代还广为流传。根据开化期首尔汉城医院的日本医生和田博士的记录，唯独朝鲜妇女中肚脐附近有烫伤及化脓的患者非常多，这都是由这种肚脐盐敷引起的。她们认为盐烧得越多就越能生出富贵的儿子，在挣扎于炙热中的女人的下腹部敷上烧热的铁，这种惨状可以说是必须生出儿子的韩国女人的受难史的标杆。